《走马长安系列》

刘永加 著

陕西新华出版 三秦出版社
·西安·

图书在版编目（ＣＩＰ）数据

闲话长安日常 / 刘永加著. -- 西安 ：三秦出版社，
2024.1
　（走马长安系列）
　ISBN 978-7-5518-2991-5

　Ⅰ．①闲… Ⅱ．①刘… Ⅲ．①社会生活－历史－中国
－唐代 Ⅳ．① D691.9

中国国家版本馆 CIP 数据核字 (2023) 第 218071 号

《走马长安系列》

闲话长安日常

刘永加　著

出版发行 三秦出版社

社　　址 西安市雁塔区曲江新区登高路 1388 号

电　　话 （029）81205236

邮政编码 710061

印　　刷 陕西龙山海天艺术印务有限公司

开　　本 889mm×1194mm　1/32

印　　张 6.875

字　　数 154 千字

版　　次 2024 年 1 月第 1 版

印　　次 2024 年 1 月第 1 次印刷

标准书号 ISBN 978-7-5518-2991-5

定　　价 68.00 元

网　　址 http://www.sqcbs.cn

目录

衣 云想衣裳花想容

韩愈的绯衣 / 002

爱红装也爱"武"装 / 008

柳叶眉与贴花钿 / 017

食 面脆油香新出炉

白居易做胡饼 / 024

庾家粽子白如玉 / 031

长安美酒何处寻 / 037

住 长羡蜗牛犹有舍

城中开甲第 / 046

祖宅安仁里 / 054

长安居,大不易 / 060

行 泥深同出借驴骑

十二街如种菜畦 / 068

权贵的车,百姓的驴 074

高卑有序长安行 / 081

游 长安水边多丽人

长安园林一赏 / 090

时人竞为牡丹狂 / 098

三月三,民狂欢 / 103

乐 一曲能止万人喧

最爱霓裳羽衣舞 / 112

楼前百戏竞争新 / 120

长安的刺青 / 126

必 君家白碗胜霜雪

货财二百二十行 / 134

杜甫的炉炭 / 140

柳宗元买药 / 146

商 银鞍白马度春风

假冒伪劣杖六十 / 154

长安商人的生意经 162

长安的外商 / 168

学 杏园初宴曲江头

长安的"大学" / 176

三十老明经 五十少进士 / 181

宾贡进士崔少府 / 189

分 五声宫漏初鸣夜

有事早奏，无事退朝 / 198

假期风流万人游 / 204

四善二十七最 / 210

穿越长安

——一个欲罢不能的梦想

对于大唐长安，我是格外向往的。那个上汲汉魏六朝之精华，下启两宋文明之新运的煌煌大唐，有着九天阊阖、万方来朝的大国气象，有着兼收并蓄、海纳百川的雍容气概，有着诗词倜傥、歌舞霓裳的浪漫气息，谱就了中国古代最华美的盛世乐章。

长安便是这盛世之中最流光溢彩的筑梦之城。隋代始建时城名"大兴"，寓意国家兴盛。唐更名"长安"，取意长治久安。长安城城市规划严谨、基础设施完备、建筑水平高超，是当时世界上规模最大的城市之一，是举世瞩目的国际化大都会。

正是有了完善的城市载体和辉煌的发展成就，长安人享受着丰富的物质与精神文化生活。无论是皇室贵族，还是平民百姓，在衣、食、住、行方面都体现出富足乐观、蓬勃向上的时代精神。长安人服饰多元，风格争新。尤其是灵动张扬的长安女子，着各色裙装、男装、胡服，有的贴花钿，有的涂鹅黄，有的柳叶眉，有的斜红妆，婀娜多姿，魅力四射。长安汇集了中原各色美食的精华，有来自西域的乳酪、葡萄酒，胡风美食也风靡一时。长安人出行，有的骑马，有的驾马车、牛车、驼车，骑驴一时也成为热点。长安人的娱乐生活，则是妇孺吟诗，"八仙"醉酒，花舞尽夜，胡姬招手，节假日逛逛园林庙会，千秋节争看百戏歌舞，上元节簇拥观灯舞龙，上巳节举家踏青春游。

韶光转换，不觉千年。走过今日的西安，高楼林立，车水马龙，纵有古迹、遗址，也难觅满城浮华、笙歌曼舞、烟火日常的盛世光影。我太想了解那时长安人日常生活到底是怎样的一种状态，总梦想着一朝醒来，穿越到大唐长安，带上一部摄像机，把长安的富庶繁华、坊间百事、火树银花以及盛大的破阵乐表演，一一拍下来。这当然无法实现，穿越便成了我欲罢不能的梦想。

梦醒时分，我觉着最靠谱的还是老老实实地去故纸堆里寻觅吧。用文字再现大唐长安的容颜和传奇，这就是我写这本书的初衷。

我翻阅了几乎能找得到的纸质、电子版的唐代史料书籍，包括正史、野史、笔记小说等，寻章摘句，终日矻矻。围绕长安人生活的衣、食、住、行、游、乐、购、商、学、务十个方面，搜寻史料，抽丝剥茧，精心写作，反复润改，最终形成了《闲话长安日常》一书。字里行间处处是盛世生活的意趣，俨然一幅长安日常的烟火画卷。

如果你也对大唐长安有向往，不妨翻翻这本小书。到朱雀街和官员们一起摸黑上早朝；到灞水边，与盛装少女一起参加被禊活动；到勤政务本楼前，同许和子一起高歌；到辅兴坊，尝尝看白居易点赞的胡饼。

盛世古城不可见，合书一梦到长安。愿你能体味到盛世生活的滋味，在岁月美好中汲取营养、砥砺前行，奔向更加美好的明天。

固然，一本小小的书，无法囊括大唐盛世，难免挂一漏万。关于盛世长安，我还有许多领域未能涉猎，给读者朋友留下了些许遗憾。不过，这不正是接下来我需要努力的方向吗？

刘永加

2023 年 10 月

衣

云想衣裳花想容

韩愈的绯衣

　　长庆二年（822）七月的一天，刚刚擢升兵部侍郎的韩愈，早早就穿上他的官服，骑着马从他家靖安坊出来，过朱雀大街去上早朝。就是这次早朝，朝廷确定要韩愈任宣慰使，前往镇州处理王廷凑叛乱的危机。

　　此时的韩愈年已 54 岁，微胖少须，他一贯崇尚俭朴，不大注意修饰，在穿衣上是不太讲究的。当时韩愈这些官员的服装大体有两类：朝服和常服。首先是用于重要场合穿着的朝服，主要在元日、冬至、朔望朝会时穿，常服则是寻常上朝和办公时穿着的。韩愈在自己的《赛神》一诗中描述过自己平时的衣着："白布长衫紫领巾"。这里的长衫，就是唐代男子最常穿的外衣，多为圆领，单的称为"衫"，夹棉的称"袍"。隋代规定庶人服白，屠者贩夫服黑，唐代后来规定百姓穿黄色，可百姓大多还穿白色衣服。领巾就是当时男子头上常戴的幞头，幞头大都是黑色的。韩愈平时就戴紫色幞头，穿件普通百姓穿的白色长衫，这也是他简朴的本色所在。

◆ 聊聊唐代的官服

说到这里，需要讲下唐代的官服制度。唐代的官服头饰有一种是纱帽，前低后高分双层，后侧有两翼，用竹丝和马尾毛做里，外加薄绸缎制作而成。这种官帽称为"乌纱帽"，不仅皇帝官员可以戴，百姓也可以戴，唐武德九年（626），唐太宗李世民下诏书说："自今以后，天子服乌纱帽，百官士庶皆同服之。"

官帽百姓能戴，官服可不能随便穿。据《资治通鉴》载，唐高宗

唐章怀太子墓壁画中的仪卫领班形象，他头裹幞头，身着青色翻领窄袖胡服，腰系黑革带，足蹬黑靴，双手拄仪刀于地，身材魁伟，相貌堂堂，目光炯炯地注视着前方

上元元年（674）敕旨规定："文武官三品以上服紫，金玉带；四品服深绯，金带；五品服浅绯，金带；六品服深绿，七品服浅绿，并银带；八品服深青，九品服浅青，并鍮石带；庶人服黄，铜铁带。"官服的颜色定为四等：一品至三品服紫，四品至五品服绯，六品至七品服绿，八品至九品服青。唐代的官服等

级、颜色、配饰有一整套制度规定，也称为"章服制度"。显然紫袍是唐代官员官服中最高等级，往往被人们视为高贵的象征，因此"紫袍"后来就成为达官贵人的代称。"犀带金鱼束紫袍，不能将命报分毫。"这是元稹《自责》一诗中的诗句，他就是把"紫袍"作为显官要职的代称来表达诗意的。四五品的绯袍在唐代又被称为"绯衣"或"绯衫"。诗人元宗简当上

唐懿德太子墓壁画中的内侍形象，他们均无胡髭，领首官员服紫，应为三品高官，率领着五品、六品的内官手持笏板在等待。笏板是奏事时用来备忘的手板，五品以上，用象牙为之，六品以下，用竹木

京兆少尹（从四品下）的时候，他的散官品级仍是六品，不该服绯，所以平时办公时也只能穿着绿袍，难怪与他有相似遭遇的白居易感慨道："凤阁舍人京兆尹，白头犹未着绯衫。"八九品青袍也称"青衫"，处在唐代官服的最底层，因此多被用来比喻品级低微的官吏。白居易就曾有此遭遇："座中泣下谁最多，江州司马青衫湿。"当时白居易从长安被贬到江州（今江西九江）任郡司马，诗中的"青衫"一词表达了诗人此时的境况。

韩愈官途波折，官服颜色也一直在变化。元和十一年（816），韩愈在中书舍人任上，虽是正五品上，但韩愈的散官仅为正六品的朝议郎，依旧没能穿绯服。后来，宰相裴度平淮西时聘请韩愈做行军司马，得到了"赐金紫"（衣着紫服，佩金鱼袋）的特殊恩赐。再后来，韩愈因为谏佛骨被贬潮州，金紫章服也被剥夺。直至晚年重新被任命为国子祭酒，才"获位于朝，复其章绶"，又一次得到了"赐紫金鱼袋"的恩赐。韩愈心中自然是高兴的，就写了一首《示儿》诗："开门问谁来，无非卿大夫。不知官高卑，玉带悬金鱼。"可见这时他家的常客都是五品以上官员，真是光耀门庭，韩愈也觉着自豪。

◆ 绯衣助力，马到成功

回过头来再说回韩愈出使镇州的事。元和十五年（820），宦官谋杀了唐宪宗，拥立太子李恒即位，是为唐穆宗。这一年，因谏佛骨被贬潮州的韩愈被征召回朝，出任国子祭酒，旋又被任命为兵部侍郎。此时藩镇割据的威胁仍是唐王朝的痼疾。衙内兵马使王廷凑阴险狡诈，阴谋作乱，杀死成德节度使田弘正及其僚佐、随从将吏及其家属三百余人，又要求朝廷授予他节度使符节，一时举朝震惊。接着，王廷凑把朝廷派来平乱的大将牛元翼围困在深州。朝廷不得已，只好任命王廷凑为成德节度使，并决定派兵部侍郎韩愈为宣慰使，劝说王廷凑放出守将牛元翼，解深州之围。

第二天，韩愈就要奉命启程赴镇州了，许多人认为这里有阴谋，都为他的生命安全而担忧，因为前朝颜真卿曾前去劝降叛军首领而遇害。宰相元稹更是哀叹道："韩愈可惜！"也意识到这一点的唐穆宗，又连忙派人阻止。韩愈坚持要完成使命，说："皇上命我暂停入境，这是出于仁义关心我的人身安全；但是不畏死去执行君命，则是我作为臣下应尽的义务。"时年54岁的韩愈，望了望自己身上的绯衣，想到自己对国家百姓的责任，毅然前往。

第三天，韩愈一身绯衣，正义凛然地来到镇州。王廷凑将士一个个手执兵器，虎视眈眈地列阵于庭院中。王廷凑假惺惺地对韩愈说："之所以如此放肆无礼，都是这些将士所为，并不是我的本意。"韩愈厉声驳斥："天子认为你有统兵的才能，所以任命你为节度使，你怎么能和叛贼一起谋反呢？"话未说完，一名将士愤怒地上前质问韩愈："先太师为国家击退叛臣朱滔，他的血衣仍在这里。我们有什么地方辜负了国家，乃至被作为叛贼征讨？"韩愈从容地回答："你们还能记得先太师就好了，他开始叛乱，后归顺朝廷，由叛逆转为归顺，自然就由祸转福，这不是久远的事情吧？从安禄山、史思明到吴元济、李师道，这些叛将的子孙还有活着而做官的吗？刘悟、李祐当初随李师道、吴元济叛乱，后来归顺国家，现在都是节度使。这些情况，你们都听说过吧。"众人回答："田弘正刻薄，所以此军不安。"韩愈说：

"但是你们杀害了田公，还残害了他的家人，这又是什么道理呢？"众人无言以对，王廷凑和将士们都服了韩愈。

韩愈一身绯衣，镇定自若，巧言善辩，终于不辱使命，将牛元翼从深州解围，自己全身而归。自此，韩愈更是威名远播，苏轼就此事称赞他"勇夺三军之帅"。

官服趣闻：绯衣也能借？

有些特殊的时候，唐代会出现"借绯"的现象。一些身份不够的官吏如果没有韩愈被皇帝特许着绯的幸运，也可因为公务需要（如奉命出使）穿戴比原来品级高一等的官服，即不到五品者可以着绯，俗称"借绯"。但任期一满，如果没有得到升迁，则仍旧恢复原来的服色。因此，那时同样是穿绯袍的官吏，可能身为四五品，也可能是六七品。

爱红装也爱『武』装

在唐朝这个发达而又开放的时代，长安女性活得自由潇洒，多姿多彩，衣着也多种多样，宽博冗长、装饰华丽的裙装，是长安妇女最喜欢的服装之一。《开元天宝遗事》载："长安士女游春野步，遇名花则设席藉草，以红裙递相插挂以为宴幄。"三月的长安郊区曲江园里，花红柳绿，人头攒动。达官贵人家的女子们身着华丽的裙装相约做伴，载幕帐、餐具、酒器及食品等到郊外游宴。游园时，她们要"斗花"，比谁佩戴的鲜花更为名贵、美丽，"争攀柳带千千手，间插花枝万万头"，名花美人交相辉映，美不胜收。游玩尽兴了，她们会选择一个合适的地方，四周插上竹竿，再将裙子连起来挂在竹竿上，就形成了宴席的幕帐。她们在其中设宴聚餐，当时称之为"裙幄宴"，傍晚方撤席返回。

唐代长安妇女的裙装风格比较大胆开放，款式新颖、色彩艳丽、面料多样。唐初流行紧身窄小的服装款式，裙子也流行高腰、束胸、贴臀、宽摆齐地的样式；到了盛唐，裙装逐渐由窄小到阔大；中唐以后，裙装越来越阔大拖沓，显得夸张奢华。长安的女裙有一种叫襦裙，那时的妇女以丰满健康为美，襦裙上襦下裙，目的是将女性丰满的曲线完美地体现出来。襦裙是一种衣长到腰的超短上衣与长裙连接的服饰，短襦长裙的特点是上衣领子很大，裙腰系得很高，给人一种俏丽修长的感觉，胸部半袒在外，凸显了女性的丰满之美。从唐壁画中可以看到唐女子穿襦衫、长裙，亭亭玉立的秀美形象。

还有一种是多幅裙，大多以六幅巾帛拼制而成，因而有"六幅罗裙""裙拖六幅"的说法，其宽度应该有三米以上。也有用七幅、八幅，甚至十二幅的，可见那时的裙子多宽大。那时的女裙不仅宽博，而且冗长，尤其大家把裙裾曳地视为时尚。这样肥大宽松的裙子穿着起来走路十分不便，孟浩然写过"坐时衣带萦纤草，行即裙裾扫落梅"的诗句。为了让身材显得挺拔修长，长安的女子们会把裙腰束得很高，多束至胸部或腋部，且有半露胸者。这种宽大的裙装虽然大气好看，但也有缺点，就是费料费工，穿时头上还要戴假发，梳高大的发髻，插很多金钗、银篦、步摇之类的头饰，才能与之协调，这些说明豪华奢靡的社会风尚在当时很流行。朝廷甚至一度出面干涉，严格控制限定妇女裙装的宽度和长度："妇人裙不过五幅，曳地不过三寸。"唐文宗时曾有公主穿宽大逾制的裙子，受到了惩罚。据《旧唐书·文宗纪》载，开成四年（839）正月，文宗在咸泰殿观灯时，看到延安公主穿了十分阔大的衣裙走来，超过自己的规定，就非常生气，立即将她斥退，并下诏对驸马窦澣进行了经济处罚，罚了这位驸马两个月"工资"。

◆ 杨贵妃喜欢黄裙

当时的裙子颜色种类不少，以红、紫、黄、绿居多，其中用石榴花染色的红裙最受女子们喜爱，流行甚广。也有用茜草染成绛红色的，叫作"茜裙"，李群玉《黄陵庙》诗："黄陵庙前莎草春，黄陵女儿茜裙新。"因红裙色彩艳丽，灿烂如石榴花，故被称为"石榴裙"。长安妇女为了使裙装鲜艳芳香，还常用芳草染裙。黄裙是用郁金染成的裙子，唐张泌在《妆楼记》中载："郁金，芳草也，染妇人衣，最鲜明，然不奈日炙。染成，衣则微有郁金之气。"杨贵妃就很喜欢穿这种黄

裙，《新唐书·五行志》载，杨贵妃常以假髻为饰，而好服黄裙。时人为之语曰："义髻抛河里，黄裙逐水流。"

除单色裙子外，还有用两种或两种以上颜色衣料拼接成

的多色裙，色彩相间，叫作"间裙"或"间色裙"。这种多色料拼合精制的间裙，靡费工料，往往被视为奢侈服饰。《旧唐书·高宗本纪》载："其异色绫锦，并花间裙衣等，靡费既广，俱害女工。天后，我之匹敌，常着七破间裙。"这里的"破"，是指将一幅布裂为几份，七破裙就是用七片绫锦拼接缝制而成的裙子，精工细作，光彩夺目。据记载，在前朝隋炀帝曾作长裙，十二破，名"仙裙"。

所以，唐代规定间色裙不准超过十二破，混色裙不准超过六破。当时对于裙子的装饰，除了间色以外，还会在裙子上加一些点缀，或施绣，或印花，或作画，或镂金，或串珠，或镶宝，极其华丽奢侈。因为装饰不同，所以裙子有了不同的名

唐周昉《簪花仕女图》，透出中晚唐时期仕女服饰奢侈华丽之风：她们着色彩亮丽、纹饰花繁的各色高腰掩乳裙，"慢束罗裙半露胸"，曼妙的身材在薄如蝉翼的绫罗大袖罩衫和纱罗帔帛下若隐若现，"绮罗纤缕见肌肤"；头上所簪牡丹、芍药、海棠、荷花等更是绽放出贵妇们丰腴华贵、雍容浓丽的女性魅力，展现出唐代繁荣恢弘、开放包容、华贵大气的审美风尚

称，加绣花的叫"绣裙"；印花于裙的叫"缬裙"；作画于裙的叫"画裙"。

◆ 安乐公主的百鸟裙风波

安乐公主是唐中宗李显的女儿，是唐朝有名的美人。出生时正值李显被武则天贬于庐陵，在赴房州途中，韦氏生下她。后来中宗李显即位，很是宠爱这个和他一起受过苦的安乐公主。她恃宠而骄，大肆开府设官，干预朝政，还曾向中宗请求立她为皇太女。她生活奢侈，她的豪宅和佛庐，模拟宫廷，工巧还要超出一头。这样重视物质享受的公主怎么能没有奢侈的裙装呢？她拥有两件堪称旷世珍品的裙子。一件是益州献的单丝碧罗笼裙，缕金为花鸟，细如丝发，上面的鸟大如黍米，眼鼻口甲皆备，神奇而不可思议。另一件就是大名鼎鼎的百鸟裙。据《旧唐书·五行志》载："（安乐公主）有尚方织成毛裙，合百鸟毛，正看为一色，旁看为一色，日中为一色，影中为一色，百鸟之状，并见裙中。"这百鸟裙以百色鸟毛制作，流光溢彩，让人恍惚不知本色。这种裙衣后来传到民间，百官眷属纷纷仿效，风靡一时。为了织造百鸟裙，人们捕鸟采羽，山林间的珍禽异兽被大量捕杀。

唐玄宗即位后，于开元二年（714）七月下了《禁奢侈服用敕》，命令将已经有的锦缎衣服"听染为皂"，不能采珠玉，刻镂器玩，不能造锦绣珠绳，违者"决杖一百，受雇工匠降一等科之"，从此采捕百色鸟兽之风渐息。

◆ 太平公主爱"武"装

唐代长安女子自由奔放，一些女子不爱红装爱"武"装，

新疆阿斯塔那古墓壁画，画中仕女穿着各色衣服，右一着胡服，右三则着男装，其余着裙装，展示了唐代女子衣着自由的风尚

女穿男装的代表人物之一就是大名鼎鼎的太平公主。太平公主着男装，一是她的性格像男人，喜欢着男服；二是她喜欢干预政治，不愿脂粉气太重，以男装示其威仪，助其施展政治才能。她头戴幞头、足蹬靴子的男性装束，显得干练、英俊，再加上健康的外形充满着青春活力之美。据说，一次唐高宗和武则天举行家宴，他们的爱女太平公主一身男性装束，身穿紫衫，腰围玉带，头戴皂罗折上巾，身上佩戴着边官和五品以上武官的佩饰，还专门走出男子雄赳赳的步伐，来到高宗面前。高宗、武后笑着对她说："女子不能做武官，你为什么做这样的打扮？"太平公主听了一笑了之。

　　盛唐时期，士庶之家也多有女着男装。唐薛逢《宫词》："遥窥正殿帘开处，袍裤宫人扫御床。"宫女穿着男装打扫龙床的场景也是新鲜。开元后期，贵族妇女就敢于着男装游于市肆之间，张萱在《虢国夫人游春图》中，画了九个女子骑马随行，其中就有五个着男装。《中华古今注》有载："至天宝年中，士人之妻著丈夫靴、衫、鞭、帽，内外一体也。"可能是干家务会方便许多，普通百姓家的女子也开始着男装。

唐代的男装女子头戴软脚幞头，身着圆领或折领袍衫，腰系革带，下穿小口裤，脚穿黑、红皮靴或锦履，远看几乎看不出男女。这种穿着方式不仅是对传统着装观念的冲击，也展示了唐代开放、宽容与平等的文化氛围。

唐武宗贤妃王氏，善于歌舞，曾帮助武宗获得帝位，深得宠爱。武宗每次打猎时都会带上她。打猎时，她穿着男子袍服陪同，与皇上并骑而行。王氏体长纤瘦，与武宗的身段相似，穿上男装英姿飒爽，人们在猎场上竟分不出来哪个是皇帝，哪个是妃子。颇有点"双兔傍地走，安能辨我是雄雌"的味道。

◆ 女为胡妇学胡妆

唐代长安女着男装的时尚，受到胡服的启发和影响很大。因为胡人妇女的社会地位比较高，没有男尊女卑的社会观念，所以胡服的男女服装界限不甚严格，甚至男女通用，小袖袍、靴子男人穿，妇女也穿。胡人进入长安后，长安妇女受到了胡风的影响，很喜爱这种精干利落的胡服，特别是开元、天宝年间，女子穿着胡服极为盛行。韩偓曾有"李波小妹字雍容，窄衣短袖蛮锦红"的诗句，元稹《法曲》也载："自从胡骑起烟尘，毛毳腥膻满咸洛。女为胡妇学胡妆，伎进胡音务胡乐……胡音胡骑与胡

《都督夫人礼佛图》是敦煌莫高窟130窟盛唐壁画，发现时损毁严重，此为敦煌研究院原院长段文杰先生临摹作品。图中一共12位人物，前3位为都督夫人王氏和她的两个女儿十一娘、十三娘，后9位为婢女。画中高髻华服、体型丰腴的女子是王氏，梳抛家髻、画桂叶眉，头顶饰"朵子"、鲜花、小梳、宝钿，穿碧色交领团花襦、绛红色半臂、高腰石榴红裙，肩披帔巾。女儿十一娘妆容最繁，饰花钿、面靥，着朱衫碧裙，白色帔帛。女儿十三娘，头戴凤冠，斜插步摇，妆容较为素净。奴婢中饰抛家髻、持纨扇的似为奴婢之首，其余8人均着圆领衫、腰束带。这种束装似男儿的装扮，正是天宝年间兴起的奴婢的时装。8人中有4人鬟垂双鬟，这是未成年女童的发式，另三人均戴额透额罗蟆头。这就是唐诗中所谓的"新妆巧样画双蛾，幔裹恒州透额罗"

妆，五十年来竞纷泊。"陕西昭陵陪葬墓出土的大量陶俑中，有一些窄袖紧身、翻领左衽、腰系革带、脚穿皮靴、头戴"浑脱帽"的妇女形象，正是唐代妇女崇尚胡服的真实写照。

唐彩绘胡服女立俑，女子头戴卷檐高顶胡帽，身穿翻领窄袖袍，翻领上有花装饰，腰系革带，下垂鞶囊

柳叶眉与贴花钿

除了时尚穿搭以外，化妆也是唐代长安女性打扮的重要步骤。她们的化妆程序一点儿不比现在的简单，基本步骤就有很多：一敷铅粉，就是现在的底妆；二抹胭脂，也就是现在的涂腮红；三画黛眉；四涂额黄、贴花钿，这都是额头眉间的装饰；五点面靥，酒窝处以圆点装饰；六描斜红，眼角两旁各画一条竖起的红色月牙装饰；七涂唇脂，就是抹口红。额黄，我国古代汉族妇女的美容装饰，也称"鹅黄""鸦黄"，因以黄色颜料染画或粘贴于额间而得名。花钿则是我国古代汉族妇女脸上的一种花饰，有红、绿、黄等颜色，以红色为最多，蔽于脸上，是唐代比较流行的一种妆饰。

古时候妇女常将原来的眉毛剃去，然后用一种烧焦的柳条或矿石制成的青黑色颜料画上各种形状的眉毛，名叫黛眉。唐长安妇女黛眉名目很多，花样迭出，流行的样式有"广眉""长眉""蛾眉""远山眉"等十五六种。

◆ 柳叶眉美妆教程

当时，在长安平康坊有一位名妓叫赵鸾鸾，她诗歌写得特别棒，而且喜欢画眉，就爱画那种柳叶眉。她不仅每天画眉，还要把画眉的感受写下来："弯弯柳叶愁边戏，湛湛菱花照处频；妩媚不烦螺子黛，春山画出自精神。"这首诗恰恰写出了赵鸾鸾画柳叶眉的技法，堪称美妆教程。此诗流传甚广，更多的长安女子学她画起了柳叶眉，一时，柳叶眉甚是流行。

初唐的时候，女子崇尚的眉式浓阔且修长，在画法上，龙尾云根，狭叶宽帛，变化多端。有的尖头阔尾，有的两头细锐，有的弓背柔顺，有的眉腰反曲，或眉头相聚，或眉尾分梢。盛唐时期，长眉仍为时尚，唐玄宗最喜欢长眉，曾赞叹："眉黛不须张敞画，天教入鬓长"，于是宫中当然是"小头鞋履窄衣裳，青黛点眉眉细长"。在细长眉型中最有代表性的还是柳叶

眉，所谓"柳叶眉"也叫"柳眉"，其眉头尖细，眉腰宽厚，眉梢细长如柳叶，十分秀丽。因为柳叶眉在唐代流行广泛，当时的画家们也把这种眉式反映到了其作品中，阎立本的《步辇图》、张萱的《捣练图》上都有清晰的描绘。唐词人韦庄在《女冠子·昨夜夜半》一词中也有描述："昨夜夜半，枕上分明梦见。语多时。依旧桃花面，频低柳叶眉。半羞还半喜，欲去又依依。觉来知是梦，不胜悲。"

到了开元盛世时期，唐代经济高度发展，人们的生活水平大幅提高，物质丰盈的基础上，长安女子是越来越爱美了，妆容花样翻新，潮流美妆一波接一波。玄宗不仅是创造开元盛世的伟大帝王，他在艺术方面造诣也很高，歌舞、乐器都很精通，

左1、2：图为唐代阿斯塔那墓壁画中的仕女，她们眉毛浓阔修长，龙尾云根，似初唐盛行的眉式；额间饰有鹅黄和红色花钿，胭脂浓、唇脂丽，显得浓艳敦厚

左3、4：图为张萱《捣练图》中所绘盛唐捣练劳作的仕女，她们均画弯弯柳叶眉，额间以蓝绿花钿装饰，唇脂、胭脂素净，显得秀丽温柔

右3、4：图为周昉《调琴啜茗图》中所绘盛唐端茶的仕女和赏琴的贵妇，她们眉毛短小，形似山峦起伏，似为小山眉，显得淡雅有内涵

右1、2：图为周昉《簪花仕女图》中所绘赏花贵妇，她们眉毛短阔、高扬，似飞蛾翅膀，为蛾翅眉，配上簪花高髻、珠翠满头，显得奢华张扬

甚至研究起了美妆。据《丹铅续录》卷六记载："唐明皇令画工画《十眉图》。一曰鸳鸯眉，又名八字眉；二曰小山眉，又名远山眉；三曰五岳眉；四曰三峰眉；五曰垂珠眉；六曰月棱眉，又名却月眉；七曰分梢眉；八曰涵烟眉；九曰拂云眉，又名横烟眉；十曰倒晕眉。"有了皇帝的指导性意见，这些种类眉毛的样式，就由宫内传到宫外，直至流传到了寻常百姓家。这简直让人看得眼花缭乱，难怪唐代出美女呀！对此，唐诗人元稹很是感慨，写《有所教》一诗以评论："莫画长眉画短眉，斜红伤竖莫伤垂。人人总解争时势，都大须看各自宜。"

◆ 上官婉儿的花钿热潮

花钿，也叫面花或花子，是一种可以粘贴在脸上的薄型饰物，大多以彩色光纸、云母片、昆虫翅翼、鱼骨、鱼鳔、丝绸等为原料制成，有动物、植物等多种图形，且有不同色彩，十分精美，很受妇女喜爱。花钿这种化妆术，到了唐朝达到鼎盛时期，唐代诗文里随处可见它的芳踪，章孝标有"柘枝初出鼓声招，花钿罗衫耸细腰"的诗句；元稹也有"尘埋粉壁旧花钿，乌啄风筝碎珠玉"的诗句。关于花钿，有一个传说，说花钿的兴起与著名才女上官婉儿有关。

上官婉儿（664—710），初唐著名女诗人。祖父上官仪获罪被杀后，她随母郑氏配入内庭为婢，14 岁时因聪慧善文被武则天重用，在宫中掌管制诰工作多年，有"巾帼宰相"之称。唐代段成式的笔记小说《酉阳杂俎》载："今妇人面饰用花子，起自昭容上官氏所制，以掩点迹。"这是说上官婉儿脸上有疤痕，发明了花子"遮瑕法"。段成式的儿子段公路在其《北户录》里对此事有详述：天后每对宰臣，令昭容（上官婉儿）卧于案裙下，记所奏事。一日宰相对事，昭容窃窥，上觉。退朝，怒甚，取甲刀札于面上，不许拔。昭容遽为乞拔刀子诗。后为花子，以掩痕也。依据这些记载来看，当时上官婉儿眉心曾受到过伤害，为了掩盖伤疤，蕙质兰心的她想到了用美丽的花钿遮瑕，反而更添风韵。其实，花钿美妆在南北朝就有，只是在上官婉儿这里重新兴起了而已，后来，引发长安花钿美妆的热潮。据《酉阳杂俎》载，代宗大历期间以前，士大夫的妻子多强悍善妒，婢女、小妾一旦惹了她们，正妻毫不手软，动辄就在她们脸上印上难看的痕迹。花钿遮瑕术拯救了这些爱美的女子。

◆ 诗中自有花钿美

自上官婉儿花钿美妆开始，花钿在唐代女子的手中玩出了花样，不同质地、形状、颜色的花钿纷纷涌出，精美异常，搭配上不同的妆容发饰，长安女子风姿百态，妖娆迷人。在唐代诗歌中，也随处闪耀着花钿迷人的光辉。诗人李端笔下《赠郭驸马》中的女子"杨柳入楼吹玉笛，芙蓉出水妒花钿"。诗人感叹在花钿装饰下的女子是那样的美艳，以至于水中的芙蓉都会嫉妒。白居易《宴周皓大夫光福宅》中

唐三彩梳妆女坐俑

也有"绿蕙不香饶桂酒，红樱无色让花钿"之句，可见花钿闪耀、夺目，为女子增色不少。卢纶《古艳诗》中写道："残妆色浅髻鬟开，笑映珠帘觑客来。推醉唯知弄花钿，潘郎不敢使人催。"这位神态慵懒娇憨的绝色歌女，凭借着手中摆弄的一枚小小花钿，为她在香艳气质之外，平添了几分狡黠的情趣。温庭筠在《弹筝人》中写道："钿蝉金雁今零落，一曲伊州泪万行。"诗人巧妙地以物喻人，借花钿、筝柱的黯然颓败，暗示绝代艺人的飘零凄凉。花钿入诗如此频繁，说明贴花钿在唐代美妆中所占的重要地位，花钿也成为盛世大唐的一抹艳丽的标志。

　　唐代著名的绝色佳人杨贵妃，最爱贴花钿。花钿把她的雍容华贵、姿容无双展现得淋漓尽致，也把唐玄宗迷得神魂颠倒，"从此君王不早朝"。然而，花钿只能为红颜遮瑕增色，却无法遮住大唐的危机。安史之乱爆发，杨贵妃即使贴再多的花钿，也无法拯救自己被赐死在马嵬坡的命运。白居易《长恨歌》中写道："花钿委地无人收，翠翘金雀玉搔头。君王掩面救不得，回看血泪相和流。"诗中描写的场景让人肝肠寸断：贵妃被士兵拉走，脸上的花钿、头戴的金钗点翠散落一地，再也无人为她收起。而眼看江河破碎，自己却无力回天的唐玄宗，只能掩面悲泣，血泪横流，步步回头，此一别，只能梦里再见。"花钿委地无人收"便道尽了杨贵妃死时的惨烈与死后的无尽凄凉。

唐永泰公主墓出土
鎏金菊花纹银钗

食

面脆油香新出炉

白居易做胡饼

　　"民以食为天"，大诗人白居易在长安也曾亲自制作美食，享受劳动的快乐。他在《寄胡饼与杨万州》中说："胡麻饼样学京都，面脆油香新出炉。寄与饥馋杨大使，尝看得似辅兴无？"白居易给自己的知己好友——时任万州刺史的杨归厚寄去了自己亲手做的胡麻饼，夸说自己做的饼饼脆油香，还打趣地让他尝尝看味道和长安最著名的做胡饼的辅兴坊相比如何？当时，胡饼是长安著名的美食，上至王亲贵族，下至庶民僧侣，都很喜爱。这是胡人传入的美食，没有相当技艺是做不出来的。

　　胡饼，一说就是今天的芝麻饼，由饼坯放入炉子中烘烤而成。之所以叫胡饼，是因为芝麻在唐代叫"胡麻"。当然，也有人认为是胡人吃的饼，所以叫"胡饼"。据《缃素杂记》载，当时有卖胡饼的不知道这饼该叫什么名字，看它从炉子里烤出来的，就叫它"炉饼"。在长安，胡饼非常流行。《资治通鉴·唐纪》载，安史之乱时，玄宗逃亡途中，"日向中，上犹未食，杨国忠自市胡饼以献"。这是说，杨国忠给玄宗献上胡饼做午餐。日本僧人圆仁来到长安时，见到胡饼在民间已非常普及。他在《入唐求法巡礼记》中记载："开成六年正月六日，立春节，赐胡饼、寺粥。时行胡饼，俗家皆然。"还有一种中间有馅的胡饼，叫"古楼子"，据《唐语林》卷六载："时豪家食次，起羊肉一斤，层布于巨胡饼，隔中以椒豉，润以酥，入炉迫之，候肉半熟食之，呼为'古楼子'。"胡饼中间包入羊肉馅儿，很像烤包子，这一斤羊肉做馅儿的巨型"古楼子"，也只能是上层社会的美食了。

长安专门经营胡饼的店铺很是普遍，不仅在东、西二市有，不少坊曲的巷口都有大大小小的胡饼摊，胜业坊宁王府左侧有胡饼摊点，安邑坊巷口也有卖胡饼的，其中辅兴坊的胡饼在当时最负盛名，所以白居易想把自己的手艺和辅兴坊的一决高下。

◆ 贪吃蒸饼降了官

长安的饼类美食除了胡饼外，蒸饼也很受欢迎。或许当时就是面食美食太多，吃得长安男子魁梧、女子丰腴。蒸饼是用蒸笼蒸制的面食，又称"笼饼"，这种主食上至宫廷，下至百姓都在吃，很是普及。《唐语林》载："肃宗为太子，尝侍膳。尚食置熟俎，有羊臂臑，上顾太子，使太子割。肃宗既割，余污漫刃，以饼洁之。上熟视，不怿。肃宗徐举饼啖之，上大悦。"肃宗做太子时，侍奉玄宗用餐，用蒸饼擦切了羊肉的刀，然后放在一边。结果玄宗生气了，觉得儿子浪费粮食，直到肃宗把擦刀用的蒸饼吃掉才又高兴起来。

蒸饼不仅在皇室餐桌上常见，也是寻常百姓经常吃的美食。长安各处街道两旁就有不少蒸饼摊或店面。据《朝野佥载》载，

敦煌154窟壁画，展示了中唐时期供养斋僧的场景，穿赭色宽袖长袍的女子捧着一大盘馒头，旁边案子上还有馓子、蒸饼等

武则天时，三品官员张衡退朝后，"路旁见蒸饼新熟，遂市其一，马上食之，被御史弹奏。则天降敕：'流外出身，不许入三品。'遂落甲"。当时，有一个奇葩的规定，就是不许官员在路旁买东西边走边吃，说是有失礼仪，违之会被处罚降级。可见，路边蒸饼是多香，才引诱得张衡没把持住，因此降了官。到了肃宗、代宗时，这条不人性的规定才撤销，官员终于可以公开逛美食摊了。据《刘宾客嘉话录》载，刘晏有一天"五鼓入朝，时寒，中路见卖蒸胡饼之处，热气上腾，使人买之，以袍袖包裙帽底啖之，且谓同列曰：'美不可言，美不可言'"。可见，热气腾腾的蒸饼让京官都吃得忘乎所以。长安

城中还有走街串巷卖蒸饼的小贩，摊贩所过之处，饼香四溢。据《朝野佥载》卷五载："邹骆驼，长安人，先贫，常以小车推蒸饼卖之。"他推着小车每次经过胜业坊的时候，小车总是被角落的伏砖颠翻，不少蒸饼掉在土上，邹骆驼特别心疼。终于有一次，他下定决心把伏砖搬开，结果发现伏砖下有一个大瓷瓮，里面有数斗黄金！这下，邹骆驼摇身一变成了巨富，再也不用卖蒸饼了。

蒸饼的种类也是很多的，有不同面粉做的，也有加上馅儿的。武则天时，有位侍书御史侯思正的外号叫"缩葱御史"，这外号竟然与蒸饼有关。据《太平广记》载，侯思正"尝命作笼饼，谓膳者曰：'与我作笼饼，可缩葱作。'比市笼饼，葱多而肉少，故令缩葱加肉也。时人号为缩葱侍御史"。看来当时还是肉比较贵，商贩是不舍得多放肉的，所以葱放得就多，侯思正吃着不过瘾，自家做蒸饼让缩葱加肉了。长安的蒸饼原料除了麦面外，还有用黄米粉团枣蒸的面馍黄儿，有用荞麦面团枣蒸出来的面馍黑儿等，这些黄、黑蒸饼多是普通百姓的美食。

◆ 汤饼原来不是饼

汤饼其实不是饼，而是用汤煮过的面食，汤面片、面疙瘩之类的，在长安也叫煮饼，其中也包含面条。汤饼花样繁多，有水引饼、索饼、冷淘与馄饨等。水引饼是一种用肉汁搅和面粉做成的汤面条，以一尺长为一段，压薄入沸水煮熟，即可食。索饼的吃法很多，有羊肉索饼、鸡子索饼、榆白皮索饼、黄雌鸡索饼、丹鸡索饼、姜汁索饼等，多被看作食疗保健食品备受欢迎。其中长安人最常食用的羊肉索饼，在《圣济总录》中有

敦煌第 85 窟壁画，展示了晚唐时期肉铺的生活景象：铺里挂着肉，门口桌子上有宰好的牲畜（似乎是羊），屠夫正在切肉，旁边还有狗在等着

记载：羊肉 4 两，细切炒腥，面 4 两。其做法是把羊肉洗净切碎，加水煮成羹，另外以蛋清、姜和面粉制成面条，将豆豉剁碎加水，制成豉汁，把面条放入豉汁内煮熟，加入羊肉羹，调味即可食用。说是能治疗脾胃气弱的症状，是食疗良方。

还有一种非常有名的面食叫冷淘，被列为朝廷官员夏季膳食供应的一种。《唐六典·光禄寺》中规定："凡朝会、燕飨，九品以上并供其膳食。""冬月则加造汤饼及黍臛，夏月加冷淘、粉粥。"据记载，冷淘的制作工艺花样繁出，当时在长安就有菊叶冷淘、槐叶冷淘等，其中槐叶冷淘最为常见，也许是当时长安主要街道栽植槐树多的缘故吧。槐叶味凉苦，槐叶冷淘是用嫩槐叶汁和面做成面条，面条煮熟后，再放在冰水或井水中浸凉而成。杜甫有《槐叶冷淘》诗："碧鲜俱照箸，香饭兼苞芦。经齿冷于雪，劝人投比珠。""万里露寒殿，开冰清玉壶。君王纳凉晚，此味亦时须。"杜甫很是会吃：晶莹翠绿的槐叶冷淘映照筷箸，配上鲜美的芦笋伴食堪称一绝。冷淘触齿生凉，皇帝在这炎炎夏日都要来一口呀！

◆ 皇上也吃煎饼

唐代的煎饼与我们现在的煎饼是有一定区别的。当时，煎饼指以油炸、煎、烙成的各种面食。长安油炸类的饼很多，王公贵族、平民百姓都爱吃，唐玄宗过生日就吃过这种饼。据《唐六典·光禄寺》记载，唐制规定供给朝官的饼食中，正月七日、三月三日都有煎饼。《唐摭言》卷一三记载："段维晚……好吃煎饼，凡一个煎饼成，一韵粲然。"长安城中有不少卖煎饼的店面，《太平广记》载，有一个叫窦义的商人在长安曾买下一块空闲洼地，开设了六七家店铺，卖煎饼及团子，他因此而致富。油炸带馅的圆面点叫"餲子"，从唐代文献记载来看，当时长安的餲子与现在汤圆的外形和内馅完全一样，不过它是麦粉制成的，韦巨源食单中所记载的"火焰盏口餲"，即是此物。《太平广记》载，唐代一位年老的尚食令，就原是尚食局的造餲子手。他在宫中做餲子多年，有独到的方法，准备"大台盘一只，木楔子三五十枚，及油铛炭火，好麻油一二斗，南枣烂面少许"，"四面看台盘，有不平处，以一楔填之，后其平正，然后取油铛、烂面等调停，袜肚中取出银盒一枚、银篦子银笊篱各一，候油煎熟，于盒中取餲子馅，以手于烂面中团之，五指间各有面透出，以篦子刮却，遍置餲子于铛中，候熟，以笊篱漉出，以新汲水中良久，却投油铛中，三五沸取出，抛台盘上，旋转不定，以太圆故也，其味脆美，不可名状。"这种油馄美食的做法很是复杂。当时，长安街面上有不少专门卖馄子的店面。

　　唐代长安之所以多流行面食，与当时的社会背景是分不开的：一是唐代麦类作物种植十分广泛，面粉得以普及；二是长安作为国际性大都市，西域胡人带来花样众多的胡饼制作技术。全国各地的面食大师云集京师，将各地的面食花样翻新，从而使长安的面食缤纷多彩、种类繁多，不仅有上述的面食种类，史籍上还记载了其他一些饼类：环饼、薄饼、烧饼、米饼、鸣牙饼、两仪饼等。唐赵璘《因话录》说长安人"世重饼唉"，说的就是长安人普遍以饼类作为主食的现象。

庾家粽子白如玉

如果穿越到大唐首都长安过端午节，人们见面会问："吃庾家粽子了吗？"大多数人都会回答说："吃了，吃了。"这是为什么呢？原来，庾家粽子是当时长安市场上供应的知名粽子品牌。

◆ 庾家粽子是祖传技艺

"庾"是古代一种计量粮食体积的量器。帝尧时代有掌"庾"的大夫，周朝有管粮仓的庾廪官，他们的后代就以官名做了姓氏。正因为庾氏世代有人管粮仓，他们对粮食质量把握得好。每当端午节，庾氏后人都会选用口感最好的优质糯米包粽子。到了唐代，庾氏后人制作的粽子已经十分有名，《太平广记》中有记载："庾家粽子，白莹如玉。"可见庾家粽子色泽晶莹，用料上乘，色香味俱全。据说唐玄宗就十分喜欢吃庾家粽子。

粽子一开始不是白色的，也不是端午节特定美食。最早，粽子只是一种普通的食物。据史料记载，东汉末年，人们以泡碱的黍米为食材，用菰叶（茭白叶）包成四角形，制成碱水粽子。当时粽子的制作原料是茭白叶和黍米，黍米做的粽子应该多是黄色的，对比莹白如玉的色泽来说，可能观感会差一点。茭白叶也没有芦苇叶宽，包出粽子就是窄四角形。在晋代，粽子才被正式定为端午节纪念屈原的专用食品。西晋周处的《风土记》中记载，人们用菰叶裹黍米做成粽子，再用栗枣灰汁煮烂而食，此时的粽子名"粽"或"角黍"。

到了唐代，人们用竹叶代替茭白叶，糯米代替了黍米来制作粽子，这样竹叶翠绿清香，糯米莹白甜软，粽子的观感、口感都大大提高了。正如唐诗人元稹的《表夏十首》所说："彩缕碧筠粽，香粳白玉团。"除了制作工艺上的改变，人们还大大丰富了粽子的吃法。唐代宰相美食家韦巨源在烧尾宴食单里曾载有"赐绯含香粽"这道美食，其下注"蜜淋"。"绯"，红色，这洋气的"赐绯含香粽"其实就是淋上蜂蜜的香粽。这个烧尾宴食单可不简单，唐景龙三年（709），韦后族兄韦巨源官拜尚书令左仆射，在家设"烧尾宴"，宴请唐中宗，水陆八珍，尽皆入馔，荤素兼备，咸甜并陈，菜式奇特，世所罕见。《清异录》里记载了其中五十八道菜肴，"赐绯含香粽"就是其中的一道点心，除此之外，还有"天花毕罗""贵妃红""巨胜奴""见风消"等点心，"御黄王母饭""长生粥""生进二十四节气馄饨"等主食，"红羊杖枝"（烤全羊）、"凤凰胎"、"光明虾炙"等菜肴。

粽子一直都有甜咸之分，甜粽以蜜佐，在唐代以前就有了。在唐代以前，中国人用作粽子馅儿的食材有枣、栗等，吃的时候还会配上蜂蜜、"柘浆"（甘蔗汁）或麦芽糖。三者之中唯有蜂蜜最适于蘸粽而食，而这种食粽子的风俗，在唐代很是风行，当然，蜂蜜不是寻常百姓家就有的，这种蘸蜜食用粽子的方式显然是长安权贵阶层的所爱。

◆ 消灾祛邪百索粽

除了最著名的庾家粽子，长安的知名粽子还有百索粽、九子粽。百索粽实际上是一个大粽子，外面包有多种颜色的丝线或草索。据宋代《文昌杂录》载："唐岁时节物……五月五日有百索粽子。"在西晋《风土记》中早有解释："仲夏端午……进筒粽……造百索系臂，一名长命缕、一名续命缕、一名辟兵缯、一名五色缕、一名五色丝、一名朱索。"缕、缯都是绑扎用的线，在晋代通称"百索"，古人五月五日以五彩丝系在臂上用以辟邪消灾，因此食百索粽也寓意着消灾祛病，永葆安康。所以到了唐代仍然采用百索扎粽，可见这个习俗深入人心。

◆ 多子多孙九子粽

"四时花竞巧，九子粽争新。"这是唐玄宗在《端午三殿宴群臣探得神字》中给九子粽的赞美之词。九子粽是把九个粽子连成一串，大的在上、小的在下，每个粽子的形状各不相同，包扎粽子的丝线也分九种颜色，色彩缤纷，非常好看。唐代诗人温庭筠也有"盘斗九子粽，瓯擎五云浆"的诗句，

唐李昭道《松荫图》，画中豆人寸马，须眉毕现，生活气息扑面而来

可见九子粽在当时也很出名。据历史学家考证，"九子粽"的名字来源于"九子蒲"，就是一种蒲草，用这种蒲草裹成的粽子不仅食之味浓馨香，而且寓意吉祥，成为了古代婚礼上的吉祥物。据《酉阳杂俎》记载："婚礼纳彩，有合欢、嘉禾、阿胶、九子蒲、朱苇、双石、绵絮、长命缕、干漆。九事皆有词：胶、漆取其固；绵絮取其调柔；蒲、苇，取其为心可曲可伸也；嘉禾，分福也；双石，义在两固也。"同时，"粽子"又与"种子"谐音、通义，寓意得子，自然深受希望多子多孙、繁衍不息的中国人的青睐。

在诗意盎然的唐代，人们把粽子吃出了吉祥的寓意，从而使粽子更有力地超越了端午节美食的限制，还成了祝福生子、庆贺得子的礼品美食。至今，南方有些少数民族为祈盼求子，还在门前挂一串小粽子，供路人摘取，也许是"九子粽"风尚的遗存吧。

◆ 端午节的宫廷粽子

在唐代，端午节充满了节日的欢乐。每逢这一天，地方官员都要向朝廷进呈贡品，王公贵族也要向皇帝进献礼品，官员之间还要互相馈赠礼物。一时间，奢靡之风盛行，朝廷不得不多次下令禁止这种风气。端午当天，皇宫会举办盛大的宫廷宴会，君臣相互作诗酬答，一片祥和的景象。宴会结束，皇帝会按照常例赏赐大臣，以示恩宠。杜甫曾在端午节领到一件宫女制作的衣服，他激动地写下了"宫衣亦有名，端午被恩荣"的诗句。最常见的赏赐之物是扇子，扇面上有皇帝御笔书写的"鸾""凤""蝶""龙"等字样；其次是衣带（也就是腰带），文官得到的是黑玳瑁腰带，武官则是黑银腰带。端午最常见的节令食品粽子也在赏赐之列。

在长安，吃粽子是很普遍的事情，甚至进入了"公务员"的工作餐，据《唐六典》载，光禄寺为百官供膳，"五月五日加粽"，粽子在端午还是官员们的节日加餐。端午时宫中还有专门的射团游戏，玩法不断翻新。据五代王仁裕《开元天宝遗事·射团》载："宫中每到端午节，造粉团、角黍，贮于金盘中。以小角造弓子，纤妙可爱，架箭射盘中粉团，中者得食。盖粉团滑腻而难射也。"这种宫廷游戏很快传遍长安，成为端午节的一种风俗。

端午裹粽而食，是民间节俗，无论富贵贫贱，人人食之。上述这些记载说明，在唐代上至天子，下至百姓，端午节都少不了粽子的陪伴；粽子作为中华传统美食，蕴含着浓郁的民俗风情，蕴含着丰富的历史故事，蕴含着无数的祝福和期盼。

美食琳琅美酒香，是充满烟火气息的盛世长安的模样。唐朝时期，还没有出现蒸馏酿酒的技术，酒度数普遍不高，百姓大多喝的是米酒。这才会出现李白斗酒诗百篇，酒场也有千杯不醉的客人。当时，长安的人们喝酒风气很盛，因此长安城酒肆林立，美酒飘香。

◆ 西市腔与阿婆清

提到长安的美酒，就不能不说西市腔了。在《太平广记》中记载的唐代名酒，出自长安的有"京城之西市腔，虾蟆陵之郎官清，河汉之三勒浆，其法出波斯"。西市是长安城中一个著名的美酒生产地，生产销售包括西市腔在内的长安十三种名

唐镶金兽首玛瑙杯

酒。由此看来，长安买酒最好的去处，莫过于热闹的东、西二市，这里名酒辈出，酒肆林立。刘禹锡《百花行》诗说："长安百花时，风景宜轻薄。无人不沽酒，何处不闻乐？"

再来就要说说郎官清和阿婆清。这两种美酒产自常乐坊的虾蟆陵。据《酉阳杂俎》载："常乐坊，曲中出美酒，京都称之。"常乐坊虾蟆陵的酒肆最为著名，有诗云："翠楼春酒虾蟆陵，长安少年皆共矜。"常乐坊就在长安城东春明门的附近，在通化门、延兴门之间，城东这三座城门当时还被称为青绮门或青门。宋敏求《长安志》也载长安城内"常乐坊"中虾蟆陵出产美酒，即是郎官清和阿婆清。

出了延兴门向南就到了游览胜地曲江，这里人来人往，非常热闹，沿途所设酒肆很多，平时酒肆生意就很繁忙，节日游客大增自不必说了。这热闹的人流中少不了名人的身影，尤其是当时的诗人们。岑参《送陈子归陆浑别业》："青门酒炉别，日暮东城鸦。"韦庄《延兴门外作》："马足倦游客，鸟声欢酒家。"李白有诗："何处可为别，长安青绮门。胡姬招素手，延客醉金樽。"岑参有诗："送君系马青门口，胡姬垆头劝君酒。"这些诗句都记述了长安城东酒肆繁盛、酒客众多的场景，还有很多外国人开的酒店，店里以胡姬的异域风情招揽客人。东门出长安，这里的酒肆就是人们以酒话别的好去处。

除了这些酒肆聚集区以外，长安里坊中也散开着酒楼、酒肆、酒垆，小规模生产、销售美酒。酒肆开到了住宅小区里，人们出了家门就能买到好酒。有时，就连皇帝也到这里来买酒。唐贞元二年（786），宫里自酿的美酒断货，德宗竟派人到坊里的酒肆来买酒，这件事在《资治通鉴》中就有记载："时禁中不酿，命于坊市取酒为乐。"

◆ 宫廷御酿良酝署

长安城里的酒都是哪里酿造的呢？主要有官营酒坊、民营酒坊和家庭自酿这三大渠道。唐朝廷设立了专门的酿酒机构——良酝署，由光禄寺管理，委派专职官员从事酒类生产，主要供应朝廷国事祭礼使用，同时也酿造优质酒供皇家饮用，称为御酒，或称圣酒。《旧唐书·职官志》就记载："良酝署……令掌供奉邦国祭祀五齐三酒之事。丞为之贰。郊祀之日，帅其属以实樽罍。若享太庙，供其郁鬯之酒，以实六彝。若应进者，则供春暴、秋清、酴醾、桑落等酒。"良酝署酿的御酒除专供皇族饮用外，也用于皇家宴会和赏赐大臣。官员们出席皇帝举办的宴会时，就可以喝到这种皇家特供的御酒。曾官至宰相的李峤，以文辞著称，与苏味道并称"苏李"，他在喝了御酒后，挥毫记下了自己的感受："千钟圣酒御筵披，六出祥英乱绕枝。即此神仙对琼圃，何须辙迹向瑶池！"

从这溢美之词可以看出御酒应该很香醇，另外，能喝上御酒也很是荣耀呀！

御酒品种很多，有春暴、秋清、酴醾和桑落。为保障国事及皇家用酒的质量和数量，长安城内设置了好几处官营酿酒作坊，并从全国抽调许多优秀酒匠，来京城参与御酒酿制工作，这也是为了博采当时最先进的酿酒技艺，使御酒的质量得到不断提升。据《唐六典·光禄寺·良酝署》载，张去奢在任郢州刺史时，曾将当地春酒的酿制技术进献给朝廷，后来朝廷又专门抽调郢州酒匠到良酝署工作。考古出土的唐代酒器铭文中还记载，宣徽酒坊也曾入驻良酝署。

◆ 民营酒坊夜沽酒

当时，长安的民营酒业非常发达，开明的商业经营政策和旺盛的用酒需求催生了大批的民营酒坊。他们各出奇招，自产自销，在长安的酒类市场占了很大的份额，也让长安的人们尝到了不同风味的美酒。据《太平广记》载，崇仁坊的一位商人长期经营一家酒坊，在他去世后妻子接过了他的事业，继续酿酒，"夫亡十年，旗亭之内，尚有旧业，朝肆暮家，日赢钱三百"。通过他这一家酒坊的资料，就可以想象长安酒肆的经营规模。在长安东、西两市以及各城门附近的里坊，都是民营酒肆集中经营的地带。《太平广记》还记载西市的酒肆经营状况："有婆罗门僧七人，入自金光门，至西市酒肆，登楼，命取酒一石，持碗饮之。"这座酒楼有二层，可见规模不小。在长安城门口内外，为方便过往之人，道路两旁有百姓卖散酒，人们称作"歇马杯"。《开元天宝遗事》载："长安自昭应县至都门，官道左右村店之民，当大路市酒，量钱数多少饮之，亦有施者与行人解之，故路人号为'歇马杯'。"

长安城内，民营酒坊有着强大的生命力，见缝插针，星布其间，生意火爆时，酒价就会攀升，郑谷有诗云："烟舍紫禁花期近，雪满长安酒价高。"随着民营酒坊酒肆的发展，一些实力雄厚的酒坊酒肆管理能力也得到了提升，长安酒肆的营业时间很长，从上午启门，直到深夜客散为止。张籍《寄元员外》诗："月明台上唯僧到，夜静坊中有酒沽。"白居易《夜归》诗也写道："逐胜移朝宴，留欢放晚衙。……皋桥夜沽酒，灯火是谁家？"诗中都反映了民营酒坊开到深夜，迎合了长安居民的需求，这也是他们兴旺发展的前提。

在激烈的市场竞争下，有些酒肆出现了掺水造假的现象。诗人韦应物常光顾长安的各大酒肆，写了一首《酒肆行》揭露酒肆乱象："豪家沽酒长安陌，一旦起楼百尺。碧疏玲珑含春风，银题彩帜邀上客。回瞻丹凤阙，直视乐游苑。四方称赏名已高，五陵车马无近远。晴景悠扬三月天，桃花飘俎柳垂筵。繁丝急管一时合，他垆邻肆何寂然。主人无厌且专利，百斛须臾一壶尽。初浓后薄为大偷，饮者知名不知味。深门潜酝客来稀，终岁醇浓味不移。长安酒徒空扰扰，路傍过去那得知。"他揭露有些知名酒肆建在繁华商区，装修也豪华，歌舞丝竹服务也到位，等把名声打响了以后，酒就卖得很贵，还掺水造假欺骗顾客。尚不如一些偏僻冷门的小酒肆，酒香醇厚，从不变味。难怪，俗话说"买的不如卖的精"了。

◆ 自家佳酿世代传

在当时的长安有些小家祖上的酿酒技艺，世代相传，同样也酿出了美酒。据吕才《东皋子后序》载："时太乐有府史焦革，家善酝酒，冠绝当时。君苦求为太乐丞。……数月而焦革死。革妻袁氏，犹时时送酒。"这是说，有个太乐府的小吏叫焦革，他家自酿的酒就非常好喝，名扬长安。诗人王绩非常爱喝酒，他品了焦革家的酒后赞不绝口，为此他自请调去担任低一级的太乐丞，目的就是当焦革的顶头上司，就常能喝到焦革的家酒。长安随处是酒肆，能够为了美酒降官，可见这自家酿酒的不凡之处。

唐人物纹八棱杯

长安自家酿酒的大户人家很多，姚合《晦日宴刘值禄事宅》一诗道："城中杯酒家家有，唯是君家酒送春。"此诗赞美的就是刘值的家酒好喝。汝阳王李琎的家酒更是名扬京城，据《云仙杂记》载："汝阳王琎取云梦石瓮泛春渠以蓄酒，作金银龟鱼浮沉其中，为酌酒具，自称'酿王兼曲部尚书'。"云梦石瓮蓄酒，泛于春渠之上，金银龟鱼为酌酒器具，可见李琎造酒、喝酒的排场有多大。据说，魏徵家酿有叫"醹醁""翠涛"的名酒，唐太宗李世民品尝后，专门作诗赞不绝口："醹醁胜兰生，翠涛过玉薤；千日醉不醒，十年味不败。"诗中的"兰生"是汉武帝百味旨酒，"玉薤"是隋炀帝的美酒，可见唐太宗对魏徵家酒的评价之高。

◆ **节约粮食禁酒令**

美酒如川的唐代饮酒风气盛行，上自百官公卿，下至平民百姓都有浓厚的饮酒风气，史料记载善饮、豪饮的很多。杜甫就写过一首《饮中八仙歌》，说"李白一斗诗百篇，长安市上酒家眠，天子呼来不上船，自称臣是酒中仙"。贺知章也是嗜酒如命，醉得骑马跟坐船一样摇摇晃晃。"饮中八仙"之一苏晋，在唐玄宗时期任吏部侍郎，据《云仙散录》载，他有一个专门饮酒的地方，称作"酒窟"，地上每块砖上放一小盆酒，密密麻麻五万盆，平时把朋友喊来一起喝，喝完为止。

这样一来，唐代酒类消费非常惊人。酒，乃粮食之精，酿造美酒需要耗费大量的粮食。在当时的生产力条件下，不加限制地酿酒势必要争夺百姓的口粮，进而影响国家粮食储备。对此，唐朝廷没有坐视不管，出台了不少限酒举措，以此促进酒类合理供给和理性消费。唐高祖李渊在《禁屠酤诏》中就指出美酒佳酿的功用在于为人们提供欢娱，应该适可而止，不可肆酒纵饮、沉湎其中，下令关内官民禁酒。到了唐肃宗时，也有《禁京城酤酒敕》下发："为政之本，期于节用。今农功在务，廪食未优。如闻京城之中，酒价尤贵。但以曲糵之费，有损国储，游惰之徒，益资废业。其京城内酤酒，即宜禁断。麦熟之后，任依常式。"不过，肃宗时期经济情况比初唐好很多，这时对酿酒业的限制是具有灵活性的，因地区、季节而异，冬季缺粮或青黄不接的时候执行较为严格，而粮食丰收库存增加时，管制也会相对宽松。

住

长羡蜗牛犹有舍

城中开甲第

　　住宅是随着社会的稳定、经济的繁荣而发展的。在大唐的京城长安，随着国力的日益强盛，皇族及各级官员的住宅也越来越豪华，呈现出了由简到奢的渐变过程，皇亲贵族的住宅水平也成了唐朝盛衰的反映。

◆ 唐初住宅尚俭朴

　　唐朝初期，长安各级官员的住宅有一股崇尚俭朴的风气，这与皇族以身作则是分不开的。唐太宗李世民是历史上著名的有为皇帝，他一生倡导节俭。他不仅是口头提倡注意节俭，而且会以身作则，落实在生活中。据吴兢《贞观政要》载："贞观二年，公卿奏曰：'依《礼》，季夏之月，可以居台榭，今夏暑未退，秋霖方始，宫中卑湿，请营一阁以居之。'太宗曰：'朕有气病，岂宜下湿？若遂来请，靡费良多。昔汉文将起露台，而惜十家之产，朕德不逮于汉帝，而所费过之，岂为人父母之道也？'固请至于再三，竟不许。"这个记载是说，太极宫地势低洼，宫中潮湿，暑热难耐，有大臣再三向唐太宗建议建造一座高高的殿阁居住。太宗多年征战，本受不了卑湿，却考虑大兴土木劳民伤财，坚定地回绝了。

同时，唐朝廷还制定了《营缮令》对各级官员及百姓建房进行规范管理，其中规定："王公以下，舍屋不得施重栱、藻井。三品已上堂舍，不得过五间九架，仍厅厦两头门屋，不得过三间五架。五品已上堂舍，不得过五间七架，亦厅厦两头门屋，不得过三间两架。……庶人所造堂舍，不得过三间四架，门屋不得过一间两架，仍不得辄施装饰。准律，诸营造舍宅，于今有违者，杖一百。虽会赦，皆令改正之。其物可卖者听卖，若经赦百日不改去及卖，论如律。"这条律令对官员及百姓宅舍建造都做出了严格的规定，同时还明确了处罚措施。

正是在唐太宗崇尚节俭的作风影响下，长安的各级官员，在居家住宅方面纷纷以清俭为尚，中书令岑文本就是其中的模范。据《贞观政要》载："岑文本为中书令，宅卑陋，无帷帐之饰，有劝其营产业者，文本叹曰：'吾本汉南一布衣耳，竟无汗马之劳，徒以文墨，致位中书令，斯亦极矣。荷俸禄之重，为惧已多，更得言产业乎？'言者叹息而退。"官至户部尚书的戴胄死后，唐太宗嫌他家住宅太过蔽陋，无法好好享受后人祭祀，就命令有司专门给他造庙。尚书右仆射温彦博也是这样的，唐太宗同样给他家造了房子，"彦博家无正寝，及卒之日，殡于别室，太宗命有司为造堂焉"。谏臣魏徵房子更是狭小简陋，"魏徵宅内，先无正堂，及遇疾，太宗时欲造小殿，而辍其材为徵营构，五日而就。遣中使赍素褥布被而赐之，以遂其所尚"。这一时期，长安的皇族和官宦之家艰苦朴素的住宅风尚，对当时的社会产生了很大的影响，以至于百姓也都崇尚节俭。

◆ 盛唐住宅渐奢靡

贞观中后期到盛唐时期，国力日盛，人民生活水平不断提高，官员住宅从简陋朴素逐渐向奢侈豪华转变。据《旧唐书》载，太宗的儿子魏王泰："宠冠诸王，盛修第宅。"据《唐语林》记载："武后已后，王侯妃主京城第宅日加崇丽。"这样，在皇族的引领下，京城其他上层社会之家也纷起效尤。据《新唐书》载，因支持武后而官运亨通的许敬宗之家："营第舍华僭，至造连楼，使诸妓走马其上，纵酒奏乐自娱。"

敦煌 154 窟壁画，画中建筑展现了盛唐时期的建筑风格，雕梁画栋，飞檐斗拱，富丽堂皇

在唐初经济凋敝之时，俭朴容易做到；在盛世经济繁盛、物资充盈之时，尚能清俭自律，则极为难得。高宗时期的宰相李义琰就是榜样。据《旧唐书》载，李义琰"宅无正寝，弟义琎为岐州司功参军，乃市堂材送焉。及义琎来觐，义琰谓曰：'以吾为国相，岂不怀愧？更营美室，是速吾祸，此岂爱我意哉！'义琎曰：'凡人仕为丞尉，即营第宅，兄官高禄重，岂宜卑陋以逼下也？'义琰曰：'事难全遂，物不两兴。既有贵仕，又广其宇，若无令德，必受其殃。吾非不欲之，惧获戾也。'竟不营构，其木为霖雨所腐而弃之"。李义琰拒绝弟弟的好意，坚守节俭，坚决不造奢华的房子，上好的木材都烂掉了也没有动用一根，可见李义琰坚毅廉洁的为人风范。

唐玄宗在开元盛世前期，尚能励精图治、清俭自律，对长安上层社会住宅逾制还进行处置惩罚，力戒奢靡，因此奢侈之风虽然渐起，却没有形成无法遏制的势头。据《旧唐书》载，宰相韩休当年任谏官时，为了维护法制的公平与正义，弹劾金吾大将军程伯献贪污受贿，大兴土木建设逾制私宅。唐玄宗虽然不愿意将自己的宠臣治罪，但韩休充满浩然正气的谏诤感染了唐玄宗，这才将程伯献治罪。由此可见，盛唐初期对于住宅超标的长安官员是要处置治罪的。

◆ 奢靡无度盛转衰

唐玄宗天宝年间，大唐经过几代明君的励精图治，国力达到了顶峰，物质财富极大富足，一派富强、文明、和谐的盛世景象，引来万方来朝。此时的唐玄宗似乎感到了满足，再无进取之心，沉湎于美色与歌舞，宠爱杨贵妃，逐渐荒废朝政。玄宗爱屋及乌，又接连宠幸杨贵妃的姐姐韩国夫人、虢国夫人、秦国夫人，重用杨贵妃族兄杨国忠，杨氏一族骤然崛起。白居易《长恨歌》中言百姓纷纷眼红杨家因女得势，开始不重生男重生女。

杨氏一族有着"三千宠爱于一身"的贵妃撑腰，在住宅建设上，奢侈程度冠绝一时，无人能及。据《旧唐书》载："姊妹昆仲五家，甲第洞开，僭拟宫掖，车马仆御，照耀京邑，递相夸尚。每构一堂，费逾千万计，见制度宏壮于己者，即撤而复造，土木之工，不舍昼夜。"从这个记载可见，杨氏兄妹多么恃宠妄为：本来是私宅，却照着宫廷建造，真可谓胆大妄为至极！而且他们一旦发现有人宅子超过自己，立马重建，其奢靡浪费的程度令人瞠目。而后来杨贵妃"养子"安禄山得到唐玄宗的宠幸后，他在长安的宅邸也是参照杨氏家族极端奢侈的风格，"初乘宠遇，敕营甲第，瑰材之美，为京城第一"。

攀比奢靡之风一起，一时半会儿是刹不住的。此时的长安皇族和官员的住宅，不但建筑面积越来越大，用料越来越奢侈，而且建有不少私家园林别墅，高阁重堂，金碧辉煌，亭台水榭，鸟语花香。不少人将异国情调的建筑工艺引入住宅建筑之中，西亚风格的凉殿也出现在大唐的长安城。据《旧唐书·西戎传·拂菻》："至于盛暑之节，人厌嚣热，乃引水潜流，上遍于屋宇，机制巧密，人莫之知。观者惟闻屋上泉鸣，俄见四檐飞溜，悬波如瀑，激气成凉风，其巧妙如此。"拂菻国，就是唐时的东罗马帝国，其国宫殿在夏季巧用水流散热，屋上泉鸣，宫殿如置于水帘洞中。据《唐语林》载，唐玄宗曾经为了避暑，也建起了这种凉殿："水激扇车，风猎衣襟。知节至，赐坐石榻，阴霤沉吟，仰不见日，四隅积水，成帘飞洒，座内含冻，复赐冰屑麻节饮。"通过记载可以看出，这个凉殿很豪华，用水流来推动巨大的扇车，以送凉风，同时还在盛夏下赐冰制冷饮，这在当时可是奢侈品啊！可见，唐玄宗这是带头奢靡，搞情调。

上有所好，下必甚焉。京兆尹王鉷得玄宗宠任，尤为奢侈。其后以罪赐死，"有司籍其第舍，数日不能遍"。王鉷不但宅子多得数不清，里面还有很多独一无二的奢华建筑。《唐语林》曾记载其宅中有一座金碧辉煌的"自雨亭子"，盛夏时期，亭内凉爽如深秋："宅内有自雨亭子，檐上飞流四注，当夏处之，凛若高秋。又有宝钿井栏，不知其价，他物称是。"杨国忠宅子里的珍奇建筑也颇值得一提。他用名贵的沉香木建筑高阁，用檀香木作栏杆，以麝香和乳香筛土和为泥饰壁，号称"四香阁"，连皇宫里的沉香之亭也不如他的四香阁壮丽。

宰相元载的宅第更为奢侈，"城中开南北二甲第，室宇宏丽，冠绝当时。又于近郊起亭榭，所至之处，帷帐什器，皆于宿设，储不改供。城南膏腴别墅，连疆接畛，凡数十所，婢仆曳罗绮一百余人，恣为不法，侈僭无度"。除此之外，他也有特色顶级建筑——芸辉堂：用于阗进口的洁白如玉、入泥不朽的芸辉香料舂碎为屑，以泥其壁，堂内常年浓香；又以沉香为栋、金银为窗，堂内还设有水晶雕刻、珍珠装饰的悬黎屏风，另有南海溪洞的至宝紫绡帐置于堂内，紫绡帐轻薄如无物，却能使屋内冬暖夏凉，紫色隐隐，卧之有紫气。这些闻所未闻的奢侈建筑与唐初的俭朴住宅相去甚远，这些拟比天宫的宅子散发出珠光宝气的奇幻色彩，如同大唐到达顶峰时期的灿烂烟火稍纵即逝，成为大唐逐渐走向衰落的征兆。

安史之乱爆发，盛世积重难返。唐玄宗马嵬坡痛失杨贵妃，儿子肃宗即位。面对长安上层社会住宅奢侈逾制的局面，

唐李思训《江帆楼阁图》局部，画中楼阁庭院在青山碧水之间若隐若现

后继的皇帝代宗、德宗、顺宗、宪宗等都不同程度地进行了整顿抑制，改奢从俭。唐德宗在当太子时，就对逾制建宅的奢靡之风深以为患，即位以后"条举格令，第舍不得逾制"，下诏毁掉名将马璘及代宗宠臣刘忠翼的豪宅。唐德宗还出台了间架税，即今天的房产税：豪华的"上屋"每年每间收2000钱；"中屋"每年每间收1000钱；"下屋"每年每间收500钱。

虽然这项政策有向百姓圈钱之意，但毕竟起到了一定的抑制作用。唐宪宗也采取过一些措施，对第宅逾制者进行严惩，将逾制房屋毁掉或者没收充公。在历代皇帝的努力下，出现了官至丞相、假宅而居的柳浑；还有宰相韩休的儿子韩滉重拾俭朴风气，"衣裘茵衽，十年一易。甚暑不执扇，居处陋薄，取庇风雨。门当列戟，以父时第门不忍坏，乃不请。堂先无挟庑，弟洄稍增补之，滉见即彻去，曰：'先君容焉，吾等奉之，常恐决坠。若摧圮，缮之则已，安敢改作以伤俭德？'"

"大厦将倾、独木难支"，微微的清廉之风已经不足以震慑大唐后期皇族与官员的奢靡之风，毕竟"由俭入奢易，由奢入俭难"。骄奢侈害，江河溃决，前车之鉴，后世当警！

祖宅安仁里

　　我们现在的住宅产权规定是七十年，但国家出台的政策明确说明七十年后可以自动续期。在寸土寸金的唐京城长安，房屋产权又是怎么样的呢？

　　在唐代文献的记载中，长安的房屋有官第、官舍、官宅、公第、私宅、私舍、私庐、私室等不同的称谓。不同的称谓在一定程度上已经表明了住宅的所有权，所谓"官""公"即指住宅为政府或朝廷所有；而所谓"私"者即指居住者拥有住宅的所有权。

　　当时对于住宅的管理是有官私之分的，在唐中后期，官宅的管理是由庄宅使负责的。在《全唐文》卷七四五孙革《请置王府寮吏公署状》中载："伏见诸王府本在宣平坊东南角，摧毁多年，因循不修，至元和十三年七月十三日，庄宅使收管，其年八月二十五日，卖于邠宁节度使高霞寓。"这个记载就能看出，诸王府属于官舍，由此可推测京师官舍都可能由庄宅使经管。庄宅使是在唐玄宗年间设立的，专门负责管理官宅等国有资产。官宅若损毁，是由国家统一修护的。相反，私宅则只能是由宅主自己修筑与维护了。

◆ 官宅不是人人有

京城官员有皇帝赏赐豪宅的，有自己买房子住的，有租赁官舍居住的，也有自己租房子住的。当然，最尊贵的莫过于皇帝赐豪宅了。皇帝会把少数官宅赐给那些为国家做出突出贡献的大臣，一旦赐予大臣就会变成官员的私宅，其产权就变成了个人的，这种机会不常有，只有少数高级别官员有可能享受得到。名相张九龄曾受到唐玄宗赐宅第的待遇，张九龄却言辞恳切地上书辞让，玄宗在《答张九龄让赐宅批》中批复："比来官宅，随事借人，与卿宁居，用加修饰，已有处分，不烦让也。"意思是官舍本来是租给官员住的，但是朕看你劳苦功高，把官宅装修了一下赐给你，已经下命令了，别推辞了，豪宅安心拿去吧。

大多数官员是没有这种恩遇的，毕竟长安寸土寸金，人人分房还是做不到的。很多官员居住的官舍产权还是属于国家所有，官员只在任期内可以租赁使用而已。因此，经济宽裕的官员会在京城置办私宅，韩愈、张籍、姚合等官员，在职位得到提升、收入大幅增加时，都在京城买下了私宅。

唐代宗时期的中书侍郎王涯，就有自己的私宅。只是市中心房子太贵，买得偏了，来回上班时间长，皇帝"以私居远，或召不时至，诏假光宅里官第"。皇帝很喜欢他，就给了他一个官宅名额，让他住近些。等级低的官员买不起首都房子的就申请租赁官舍，官舍名额也没申请上的，就只能自己别处租房子住了。著名诗人白居易、元稹和柳浑等都是在京城租房居住的。

◆ 私宅可以代代传

唐朝规定私宅是可以继承的。祖辈的住宅可以传于后世子孙，继承宅第对后代来说是获得住宅的一种重要方式，也是住宅所有权得以相传、延续的一种重要渠道。唐代著名的诗人杜牧，唐文宗大和年间中进士第，官至刺史。杜牧是唐德宗时宰相杜佑的孙子。据权德舆给杜佑所作的墓志铭载，杜佑就居住在安仁里的私宅，《旧唐书·杜牧传》载杜牧"以疾终于安仁里"。如此看来，杜牧的住宅可能是从其祖父杜佑那里继承下来的，传到杜牧手里，至少已是第三代。在长安，有的住宅代代相传更为久远，《旧唐书·柳浑传》记载，唐德宗贞元年间，宰相柳浑在奏书中说："故尚书左丞田季羔，公忠正直，先朝名臣。其祖父皆以孝行旌表门闾。京城隋朝旧第，季羔一家而已。"这个记载说明，田季羔的祖宅竟然能从隋朝传到唐德宗贞元年间，已经历了近两个世纪。说明当时私有宅舍的所有权是受到法律保护的，所以才能代代相传，成为祖宅。

唐太宗时期著名的大臣魏徵，是后世人们耳熟能详犯言进谏的直臣典范，至今仍令人称赞。不幸的是，魏徵的祖宅传到他的玄孙魏稠时，出现了变故。据《唐两京城坊考·永兴坊》载："魏徵玄孙稠贫甚，以故第质钱于人，平卢节度使李师道请以私财赎出之。宪宗命出内库钱二千缗赎赐魏稠，仍禁质卖。故蓍（魏徵裔孙）之作相，仍居旧第。"魏稠贫穷以至于抵押祖宅，无法赎回，朝廷的官员也是看着不平，平卢节度使李师道甚至想用自己的钱来帮助魏稠赎回，所幸唐宪宗还是很明白的一位皇帝，拿出了公款赎回，赐给了魏稠，这也许是对魏徵忠心报国的一种褒扬吧。

唐李思训（传）《京畿瑞雪图》，图中所绘长安雪后的山水楼阁，宁静中透着烟火气

对于私有住宅的所有权，唐代皇帝是比较注重保护的。唐中宗有个爱女叫安乐公主，因为中宗很宠她，"恃宠骄恣，求无不得"。这位公主很能作，曾经因为穿着百鸟裙而闻名。那时有位中书令叫韦嗣立，武则天时期曾任宰相，他在骊山脚下有一处私人别墅，其间云松泉石、奇胜幽绝，中宗都亲自去游玩过。这别墅名气太大，让安乐公主给看上了，公主就上奏父皇想把韦嗣立的这处别墅买下，以供自己游玩。这回中宗却没有顺着自己的女儿，而是说："大臣所置，宜传子孙，不可夺也。"唐中宗虽然宠爱女儿，也还遵守大唐法律的底线，大唐的法律规定保护私人房产所有权，颁发房契，可以代代相传。所以他不能带头破坏法律，公民的房屋产权不可侵犯，因此安乐公主没有得逞。

◆ **房产转移这件事**

由政府管理的官舍，或由国家直接兴建而来，或由一些私宅转化而来。国家直接建造的自不必多说，而由私宅转化为官舍的主要有两种情况。其一是皇室所属王子和公主的宅第，一般都由国家出资建立，于是这些官宅一旦废弃，则收管而成为国家财产，自然地转为官舍。初唐四杰之一的卢照邻《病梨树赋序》："癸酉之岁，余卧疾长安光德坊之官舍，父老云是鄱阳公主邑司，昔公主未嫁而卒，故其邑废。时有孙思邈处士居之。"这个记载就说明了当时因为公主夭折，所以她的宅第就转为公用。唐玄宗的弟弟薛王李业于开元二十二年（734）因病去世，玄宗便把之前给李业所建造的别墅赐给了李林甫，也就是说薛王死后，其别墅收为官舍，皇帝自然就可以送赐于他所欣赏的属下了。其二，唐代有籍没犯人财产的做法，就是说当时罪犯的房产是要充公的，这也是私宅转为官舍的一个方式。

在长安，私人房产是可以赠送的，当然其产权会随之转移。那时，有为了答谢朋友鼎力帮助而赠送住宅的例子。长安有位胡人叫米亮，他有鉴宝识宝的本事。他曾帮助朋友窦乂，以很低的价格在崇贤坊购买了一处房产，并且帮助窦乂发现了罕见玉石，从而使窦乂迅速致富。窦乂也很讲究，吃水不忘挖井人，就把这处住宅回赠给朋友米亮。在唐温庭筠《乾𦠆子》中就记载了这件事："又尝有胡人米亮，因饥寒，乂见，辄与钱帛，凡七年不之问。异日又见亮，哀其饥寒，又与钱五千文。亮因感激而谓乂曰：'亮终有所报大郎。'乂方闲居，无何，亮且至，谓乂曰：'崇贤里有小宅出卖，直二百千文，大郎速买之。'乂西市柜坊，锁钱盈余，即依直出钱市之。书契日，亮语乂曰：'亮工于览玉，常见宅内有异石，人罕知之，是捣衣砧，真于阗玉，大郎且立致富矣。'乂未之信。亮曰：'延寿坊召玉工观之。'玉工大惊曰：'此奇货也，攻之当得腰带銙二十副，每副直钱三千贯文。'遂令琢成，果得数百千价。乂得合子、执带、头尾诸色杂类，鬻之，又计获钱数十万贯。其宅并元契，乂遂于米亮，使居之以酬焉。""元契"即房契。这个记载是说，窦乂很感谢胡人米亮帮他识宝，得以发大财，为了感谢米亮而把住宅赠送给了他，并把房契一并移交。当时规定房产是可以赠予的，且有办理房契过户的手续，足见唐朝对于私宅的法律保护是很完善的。

长安居，大不易

长安居大不易，在唐代长安这座国际化大都市生存，尤其不容易。作为政治、经济、文化中心，这里汇聚了大量人口，最多时人口接近百万。这就造成了长安城的土地和住房日趋紧张，再加上住宅分配不均，部分特权阶级和豪富占有大面积豪宅，建房空间被挤压；而且上层社会还流行在宅舍设置寺观的做法，又造成住宅减少，所以长安的房屋租赁业尤其发达。

在长安城中，几乎是全民大租房，官僚、商人、士子、普通民众，甚至胡人也加入了租房行列。在官僚阶层，地方官到京城租房的也很普遍，各地的都督、刺史、节度使为及时了解朝廷动向，也为上供、述职的方便，往往在京师设立有"驻京办"，他们会租房子设置这样的机构。《唐会要》卷二四《诸侯入朝》载，贞观十五年（641）正月，太宗对侍臣说："顷闻都督、刺史、充考使至京师，皆赁房与商人杂居。既复礼之不足，必是人多怨叹。"这个记载说明，各地官员在京城租房子设立"驻京办"的事情，引起了皇上的注意，为此，朝廷专门修建了三百多间官舍以供其使用居住。后来，这些官舍陆续以各种理由被卖了，到了唐中宗神龙年间已被全部卖完。各地进京官员只好又租房子开"驻京办"。

◆ "住建部部长"也租房

在煌煌大唐首都长安城里，出现了高官都要租房住的现象。汴州开封人郑权，唐德宗时考中进士科，唐穆宗时升任工部尚书，相当于住建部部长。可就这样一位权势赫赫的朝廷高官，"家属百人，无数亩之宅，僦屋以居"，就是说郑权一家老小百十来口，居然在京城长安没有自己的住房，成了租客。大名鼎鼎的文豪韩愈听说后，很是慨叹："可谓贵而能贫，为仁者不富之效也。"住建部部长这样的高官都在租房子住，可见长安租房市场有多火爆。

唐朝的铨选制度规定地方官任期结束后要到长安参加调选，这些地方官要携带家眷来到京城，等待铨选调任，他们大都在京城没有房产，铨选期间自然要赁房暂居。在一些史料中，记载了不少地方官员来到京城租房子住的史实：官员程颜调选入长安"税居新昌里"，余干县尉王立调选"佣居大宁里"，李僖伯"元和初调选时，上都兴道里假居"，江陵监军使张特进"在坊郭税舍止焉"。这些官员进京后，纷纷选择合适的里坊租房安家。这其中所说的税居、佣居、假居、税舍都是指的租房。

◆ 白居易京漂二十年，杜甫辛酸租郊区

很多像郑权一样的京官，他们也不在京城买置房产，而是赁宅居住。大书法家柳公权的哥哥柳公绰，曾官至兵部尚书，生活简朴，为人厚道，他也不轻易给家族购置房子。据《唐语林》载，柳公绰同族的后生柳应规任水部员外郎，请求柳公绰替他在京城造一处住宅，柳公绰没有同意，回答说："*柳应规以儒素进身，始入省，便造新宅，殊不若且税居之为善也。*"他认为以儒者的品德操行做官，刚刚进入官府，就打造新宅，为官太张扬，还不如暂且租房子居住为好。可见，在京城坐拥房产的人可不多，新官买房都嫌张扬。

大唐经历了安史之乱之后，长安被战火破坏严重，官员在

清丁观鹏《杜甫诗意图》，图中杜甫背影落寞，隐隐露出生活的落魄与忧国忧民的哀愁

京师供职而无宅第的情况就更多了。《旧唐书·穆宗本纪》中记载："内侍省见管高品官白身，都四千六百一十八人，除官员一千六百九十六人外，其余单贫，无屋室居止，宜每人加衣粮半分。"这个统计说明，内侍省大约有六成的宦官没有自己的房产，靠租房子安身立命。曾任左拾遗的著名诗人白居易在京城的租房经历也是十分典型的，他曾写下了《卜居》一诗，以抒其情怀："游宦京都二十春，贫中无处可安贫。长羡蜗牛犹有舍，不如硕鼠解藏身。且求容立锥头地，免似漂流木偶人。但道吾庐心便足，敢辞湫隘与嚣尘。"白居易以诗人的亲身经历和感触，刻画出京官们租房生活的辛酸历程。大诗人杜甫也曾是"京漂一族"的成员，一度把家属接到长安城南的下杜城。杜甫仅仅担任了左拾遗的小官，工资很低，是买不起长安房子的，只得租房住。即便是这样，不久还是因交不起房租而被迫将家迁移到长安东北郊区，寄居在县署公舍里。

◆ 商人、士子是租房大军

在租房大军中，商人最为活跃，商人租赁分为经营性和居住性两种。《太平广记》载："先是西市秤行之南，有十余亩坳下潜污之地……义酬钱三万……遂经度，造店二十间，当其要害，日收利数千。"这里记载的是商铺出租情况，这个叫窦义的商人买了一块小洼地，围着它做生意做火了，又造了二十间店面出租，因为在繁华市区，每日租金就是几千钱。除了租商铺做生意以外，很多商人为了便于经商也会租房子居住。

每年参加科考的大批举子从全国各地来到京城长安，他们也是租房大军的重要成员。据《通典·选举三》载："开元以后，四海晏清，士无贤不肖，耻不以文章达。其应诏而举者，多则二千人，少犹不减千人。"《太平广记·薛保逊》也载："太和中，贡士不下千余人。"韩愈在贞元十九年（803）《论今年权停举选状》中也称："今京师之人，不啻百万。都计举者不过五七千人，并其僮仆畜马，不当京师百分之一。"从这些记载可以推断，当时长安城中应试的举子包括其随从，大致在五千人左右。为了科考中榜，他们往往提前来到京城，一是为了熟悉环境，了解考试行情；二是提前备考，所以他们会租赁一套独立的小院，以安心学习。

◆ 牙人——唐代的房产中介

长安有这么多的租客，政府很清楚，所以常常会提供房源，来满足租客需求。唐朝建立后，接收了隋朝大量的国有房产和无主房产，再加上没收的罪臣房产，从而掌握了大量的房产资源。对这些房产，他们除了拿出部分作为政府办公场所外，剩余部分用于出租，以增加政府收入。再就是一些收入高的京官，往往拥有数处住宅，这些平日里空闲的院落，他们也会拿出来对外出租的，也丰富了出租房源。除此之外，长安有大量的寺观，僧道们在解决了自身的住宿问题后，看到出租房屋收益比较大，便将剩余的空院拿来出租。白居易和元稹当年就曾在华阳观租房，为了参加制科考试而备考。"永崇里巷静，华阳观院幽"就是白居易在这时写的。

随着长安房屋租赁业的发展，朝廷对租房市场的管理也随之跟进。长安的房屋租赁市场起初是自发形成的，管理也没有跟上，后来发展到一定程度时，朝廷才开始干预，在价格控制和违规扩建上都有了明确的管理机制。为了维护房屋租赁价格秩序，唐朝廷颁布了《禁赁店干利诏》："南北街百官等，如闻昭应县两市及近场处，广造店铺……，自今已后，其所赁店铺，每间月估不得过五百文。"也就是说朝廷开始使用行政命令的手段控制价格，从而稳定了租房价格，使市场上的房产交

图为西安中堡村出土的唐三彩院落，包括大门、中堂、
亭子、后院、正寝和东西厢房，后院还有假山

易得以有序进行。

另外，因为房屋租赁市场的繁荣，自然引发了一些人扩建房屋求利，就如同今日城中村不断加盖的现象一样。如此一来，会引发很多安全隐患。对此，唐各级政府出手严惩违规扩建行为，实现了对房产源头的有效控制。唐代宗时出台行政法规："诸坊市街曲，有侵街打墙、接檐造舍等。先处分一切不许，并令毁拆。"通俗地说就是不许私搭乱建，违章建筑要拆除。旺盛的市场需求也催生出牙人这种房屋中介的角色，据《太平广记》载："明旦，忽有牙人叩户，兼领宅主来谒仲躬，便请移居，并夫役并足。未到斋时，前至立德坊一宅中。其大小价数，一如清化者。其牙人云：'价直契本，一无遗缺。'并交割讫。"这是比较早记载牙人参与房产交易的史料。牙人又称牙保，在房屋租赁活动中主要担任中介和监察角色。具体办理房屋租赁中的事项，尤其是保证税收的足额上缴，同时也是避免欺诈行为，减少了这方面诉讼案件的发生。

行

泥深同出借驴骑

十二街如种菜畦

长安作为京城，不仅规模宏大，城市建设也很先进，城市街道规划比较合理，大大方便执政、行商、居民生活等出行需要。长安城市道路规划非常齐整，延至今天的西安也是如此。皇城和外郭城都设计建设了整齐划一的纵横街道，宽阔整洁的通衢大道延伸开来，将整个长安城划分为棋盘状，皇城、里坊方方正正，形似菜田，正如白居易诗中描写的一般："百千家似围棋局，十二街如种菜畦。"

◆ "天街"与长安六街

长安的道路网络中最宽的街道是横街。它是位于宫城太极宫正门承天门外的东西走向的大街，分割了天子内宫和皇城，据记载，街道足有 400 多米宽，构成一个宏大的宫廷广场，就像今天北京的天安门广场一样。据《增订唐两京城坊考》载："东出皇城之延喜门，西出皇城之安福门，皇城各街皆广百步，惟此街南北广三百步，所以限隔二城也。"这条间隔带不仅有助于内宫安保工作，也是皇帝举行"外朝"大典之处，这里举办过元旦大典、冬至大典、献俘虏之礼、册立太子大典、接待外邦使节等大型活动。每逢这些重大仪式，承天门外千官

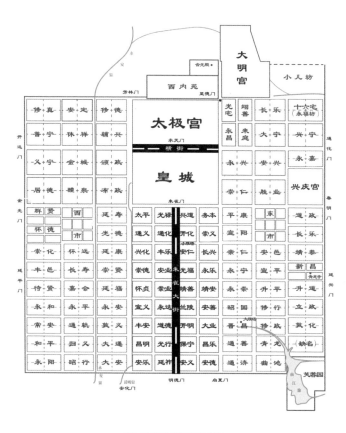

唐长安城里坊街道示意图

序立，金鼓齐鸣，乐舞并作，好一派盛世气象。有人认为这条街是"天街"。很多诗人描述过天街：有韩愈的"天街小雨润如酥，草色遥看近却无"；高适的"自从拜郎官，列宿焕天街"；王建的"天街夜色凉如水，卧看牵牛织女星"等。

关于"天街"，还有一种说法：长安出了皇城朱雀门到外郭城明德门之间的南北走向的街道，可以说是长安的中央大街了，名叫朱雀大街。街道宽约155米，将长安东西划分为长安县与万年县。有人认为这一条是"天街"，这种说法的支持度高一些。"六街"在当时是长安约定俗成的主要街道了。除了六条贯穿城门的主干道外，还有纵横方向的次道数条，宽50—100米不等，全城共有25条大街。其中，南北向大街11条，东西向大街14条。据《长安志图》卷上载："唐外郭城，东西南面各三门，直十一街，横十四街。当皇城朱雀门曰朱雀街，亦曰天门街，南直明德门，南北九里一百七十五步。纵十一街，各广百步。皇城之南横街十。各广四十七步。皇城左右各横街四，三街各广六十步，一街直安福、延喜门，广百步。"

◆ 槐柳尽立，果树飘香

长安这座国际化大都市，四通八达的街道上每天都是车马匆忙。为了保证城市交通顺畅，唐代政府十分重视道路管理，颁布了一些保护长安城内道路的敕书，规定城内不得街巷取土、穿凿为窑；不得侵占街道种植；不得侵占街道造屋打墙。唐朝廷还在城内道路两旁设立行道树和排水沟，绿化工作则动员全民参加，费用由政府承担。居于中央的朱雀大街，直通朱雀门，是皇帝巡游、官员往来以及外国使臣朝贡的必经之路，两

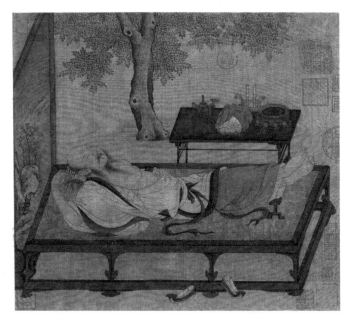

宋《槐荫消夏图》，图中盛夏的槐树下，一文人正在闭目乘凉。槐，树冠优美，花朵芳香，对土壤要求不高，非常适合夹路种植，秦汉时期我国就已将槐作为行道树

旁一律栽植槐树。槐树树形高大，枝叶茂密，绿荫如盖，非常适合作行道树、庭院树。清代徐松《唐两京城坊考》载："天街两畔槐树，俗号'槐衙'。"这里的"天街"指的是朱雀大街，因其两旁尽是槐树，所以朱雀大街也称"槐衙"。除了朱雀大街这种要道，长安坊巷街道也多栽槐树。德宗时期的京兆尹吴凑就曾经在官街栽植槐树，他死后，百姓还会指着槐树怀念他。正如《长安志》卷二记载："吴凑，贞元十四年（798）为京兆尹。……尝于官街树槐，及凑卒，民指树而怀之。"诗人白居易对长安的绿化工程很满意，写诗称赞道："下视十二街，绿树间红尘。"王维也写下"俯十二兮通衢，绿槐参差分

车马"的诗句来描写绿槐成行、车水马龙的长安城街道。笔直挺拔的槐树作为行道树，既不妨碍驰马、行车，又给人一往直前、雄伟壮丽的观感；夏日满树浓绿，还为行人、车马提供了休息乘凉的舒适环境。

　　长安的沟堤、渠边还栽有许多柳树。诗人杜荀鹤就有《御沟柳》一诗："律到御沟春，沟边柳色新。细笼穿禁水，轻拂入朝人。"长安城内的永安渠边也遍栽柳树："宫松叶叶墙头出，渠柳条条水面齐。"坊间也有栽植柳树的，据《唐两京城坊考》记载，宝应二年（763），靖恭坊的柳树降甘露，被视作吉兆，还因此给朝廷上贺表。兴庆宫的勤政务本楼前也有百年古柳。垂柳依依，绿槐成荫，一抹抹柔美的浅绿和一树树葱郁的浓绿，把长安城装扮得生意盎然，淡妆浓抹总相宜。除了柳槐这两种主要绿植以外，长安的街巷还种有榆、杨、桐、柏等。

　　除此之外，长安城内和道路旁也种植有果树。据《唐会要》卷八六载："开元二十八年（740）正月十三日，令两京道路并种果树，令殿中侍御史郑审充使。"唐玄宗一直都是个浪漫的皇帝，他下令让两京街道种上果树，可能是希望享受上春华秋实的美感。这件事交给了殿中侍御史郑审，他辛苦监督栽种完成了以后，还曾写了《奉使巡检两京路种果树事毕入秦因咏》一诗："发生和气动，封植众心归。春露条应弱，秋霜果定肥。影移行子盖，香扑使臣衣。"由此看来，路边栽植果树，春天花香扑衣，夏天绿荫如盖，秋天果实累累，真是一举多得，花果飘香又为长安增添了一抹浪漫的气息。

◆ 雨天出行有沙堤

唐代再繁盛，基础建设与现代化的今天也是不能相比的。京城中央大街即使宽阔平整，也是夯土路面，一遇雨雪，路面泥泞，车马难行。官员们正常天气时上早朝，道路尚好；轮到大雨天，早朝都要因此推迟，皇帝也是允许官员迟到的。《唐会要》卷二四载："广德二年九月一日敕。朝官遇泥雨，准仪制令，停朝参。军国事殷，若准式停，恐有废阙，泥既深阻，许延三刻传点，待道路通。依常式，以后亦宜准此。"

迟到还是小事，遇到暴雨天，有官员还差点丢了性命。贞元二年（786）夏，下了一场大暴雨。长安街道上水深数尺，吏部侍郎崔纵去上班，结果在崇义坊西门这个地方被水所困，之后在水中漂浮了几十步远，街道两边店铺里的伙计们看到后，呼叫着相继扑到水中救他，才使他免遭一死。

虽然暴雨这种灾害很难通过修路避免，朝廷却努力解决了雨雪天道路难行的问题：建造沙堤，就是用沙子铺设路面，也称作沙路、沙道。天宝三载（744），时任京兆尹的萧炅建议在长安城内南北、东西各三条与城门相通的直至大明宫的交通要道，用泥土和沙子相混夯实，然后再铺上细沙。这样有利于百官上朝通行和仪容整洁，朝廷采纳了他的建议并很快付诸实施。这样干净方便的大道，大大解决了官员们雨雪天上班的难题，诗人们纷纷作诗称赞。白居易写道："载向五门官道西，绿槐阴下铺沙堤。"张籍写道："长安大道沙为堤，早风无尘雨无泥。"

权贵的车，百姓的驴

唐长安是当时世界上数一数二的国际化大都市，不仅城市道路四通八达，交通工具在当时也算得上先进了。长安城内的交通工具可谓是多种多样，其中最重要的是车。

◆ 玄宗的专车，贵妃的牛车

唐玄宗在执政前期是一位颇有作为的皇帝，励精图治，开创了开元盛世。他不高居庙堂之上，经常到各地去视察指导工作，他出行会用"辂"这种交通工具，也会骑马。据《旧唐书·舆服志》载："自高宗不喜乘辂，每有大礼，则御辇以来往。爰洎则天以后，遂以为常。玄宗又以辇不中礼，又废而不用。开元十一年冬，将有事于南郊，乘辂而往，礼毕，骑而还。"这个记载表明，高宗和武则天出行是爱用御辇的，御辇是人拉车出行，随从前呼后拥，阵仗颇大。玄宗不爱用它，反而喜欢唐制规定的皇帝专用车——辂。

依据唐制，皇帝的专车有五辂。五辂是玉辂、金辂、象辂、革辂、木辂，这些车都有六匹马驾，形制大致相同，车盖、旌旗等装饰从辂的颜色，盖里均为黄色。杜甫有诗"马头金匼匝"即是描述这些马匹的装饰。这些车分别用于祭祀、纳后、乡射、饮至、行道、巡狩、田猎等不同场合。唐李峤《车》一诗："天子驭金根，蒲轮辟四门。五神趋雪至，双毂似雷奔。"写的就是这种车。此外皇帝低等级的专车有六匹马驾驶的耕根车、四匹马驾驶的安车、一头牛驾驶的四望车，分别用于耕籍，临幸，临吊、拜陵等场合。

另外，皇帝出行的车队里，还有羊车、指南车、记里鼓车、白鹭车、鸾旗车、辟恶车、轩车、豹尾车、黄钺车。这些从属车主要用于仪仗和保卫，所以皇帝出行阵势很大，车队浩浩荡荡。

当时长安还有一种犊车，除用作礼仪车外，更是一种日常用车，其实就是牛车。在隋朝时牛车使用就很普遍，大臣也乘坐。到了唐代，仕宦们就不大坐牛车了。牛车主要成了妇女的乘坐工具，杨贵妃就很喜欢这种车。据《明皇杂录》载："贵妃姊妹竞车服，为一犊车，饰以金翠，间以珠玉。一车之费，不下数十万贯。"只是杨贵妃的这个牛车是过度豪华了。还有大历十才子之一的韩翃与所爱柳氏分别三年后，是在长安街头的牛车上重逢的，"逢犊车，缓随之"，此时柳氏已被蕃将掠去，后经皇帝恩准，柳氏重新回到了韩翃的身边。

此外，百官赴任，朝廷是要提供牛车让家眷乘坐的，因为牛车便于装载行李。牛车在运输上使用得很普遍，在司农寺管理的公用牛车就达一千多乘，可见其多。百姓也用它作为运输工具，白居易《卖炭翁》诗中的卖炭老人，就有一挂牛车，他可以载着千余斤木炭去长安城出售。

唐李震墓壁画牛车图，牛体形健硕，神态活泼，由赤脚昆仑奴牵着；长方形车厢小巧精致：马鞍状的车篷，篷下有花纹装饰，轮子漆为红色。车后跟着三个侍从，举一宽幅红条帐幔。据唐代乘舆制度，车内可能坐着二品外命妇

◆ 权贵追逐豪车，百姓热衷骑驴

牛车以外，当时日常用车还有马车、驴车、驼车等。驼车中有一种叫作奚车，是塞外奚人制造的，契丹使用较多。奚车是游牧民族主要的交通工具，其造型与中原地区的车差异很大，拉不了太多重物，但容易爬山路。开元、天宝年间由藩将传到长安，中唐后开始流行。"物以稀为贵"，奚车在长安逐渐成了豪车，以至于唐文宗曾经下诏不允许底层的胥吏及商贾的妻女乘坐。

突厥人喜欢使用毛毡子作篷的毡车，这种毡车在长安得到了普及，也成了高级车。据《幽闲鼓吹》载："李师古跋扈，惮杜黄裳为相，未敢失礼。乃命一干吏寄钱数千缗，并毡车子一乘，亦直千缗。"李师古看到杜黄裳做了宰相，想送大礼，准备了数千缗钱和价值千缗的豪车"毡车"一辆。后来看到杜黄裳夫人十分简朴，最终也没敢将豪车及钱物献上。送给宰相的车怎么着也是豪车级别的，毡车在长安车市的地位可见一斑。

辎车和钿车都是妇女坐的，其中辎车不仅能够载辎重，也可以在里面睡觉。钿车则是指金宝嵌饰的车子，比较豪华。因为这两种车装饰甚是华丽，功能齐全，也属于豪车级别了，所以深得贵族女眷的喜爱，自然乘坐的妇女比较多。当时进士曲江大宴时，才子遍地，倾城纵观，"钿车珠幕，栉比而至"。贵族小姐坐着精致的珠帘钿车款款而至，来给自己挑一个潜力股作郎君。

以上多是权贵的出行方式，在长安满街跑的交通工具其实是驴。百姓热衷于骑驴出行，尤其是文人墨客更是"骑驴控"。诗人贾岛骑驴作诗撞见韩愈，还留下一段"推敲"的佳话。骑过驴的诗人何止贾岛，和贾岛齐名的另一个苦吟派诗人孟郊也是"骑驴控"。韩愈为孟郊写诗时，特意提到他也骑驴，"骑驴到京国，欲和熏风琴"。杜甫在京城十三年，骑驴出行可说是稀松平常，曾自嘲"骑驴十三载，旅食京华春"。白居易借头驴出行也要赶时髦，"日暮独归愁米尽，泥深同出借驴骑"。"诗鬼"李贺更是骑着驴到处寻找锦囊佳句，"关水乘驴影，秦风帽带垂"。元稹落魄时也曾骑驴，"倦仆色肌羸，蹇驴行跛瘠"。而据《太平广记》载，晚唐权宦杨玄翼对进士们车服太盛很看不惯，他下了禁马令，结果科场中千余人都换成了骑驴，这样的场景可想而知有多可笑了。其中有位进士叫郑昌图，身材高大魁梧，骑着娇小的驴子别提多别扭了。于是，有进士即兴作诗一首予以讽刺："今年敕下尽骑驴，短袖长鞦满九衢。清瘦儿郎犹自可，就中愁杀郑昌图。"

为什么热衷骑驴而不骑马呢？原来那时的马多用于军队打仗，仅有的些许马还不够京城高官骑的。在唐朝有时候会禁止骑马，《唐会要》就有过骑马禁令，是针对商人的："乾封二年二月，禁工商不得乘马。"驴子价格低廉，正是下层官吏和百姓以及穷酸文人的代步工具。即使在体育娱乐活动中，也有驴子的一席之地。"驴鞠"是唐代打马球活动的一类，据《旧唐书》载："甲子，上御三殿，观两军、教坊、内园分朋驴鞠、角抵。"这个记载表明，驴鞠活动还进入了宫殿，皇帝都亲自观赏，可见当时驴鞠活动的普及。

有了这些推手，驴子不火都不行了，一时大家

唐韩滉（传）《踏雪寻梅图》，隆冬时节，穿红衣的士子正骑着瘦驴踏雪寻梅，卓然独立

争相骑驴出行。长安租赁驴的事业也就兴起，"驴的"在那时的长安很盛行。据《太平广记》载，长安的官府门口、市场都有"驴的"等客，需要雇"驴的"的人，就到这些地方去找。而在城外，沿路的店家都附带经营"驴的"业务，《通典》里甚至记载了开元年间"驴的"的盛况："东至宋、汴，西至岐州，夹路列店肆待客，酒馔丰溢。每店皆有驴赁客乘，倏忽数十里，谓之驿驴。"甚至有长途"驴的"，用户交了押金后，就可以长期租驴。

◆ 车坊——唐代的停车场和租车行

当时的车，可分为官车和私车。由度支郎中和太仆寺管理的车是官车，当然是用于公务。而私车就是私家车。当官车不够用的时候，就会租借私车用于运输。据史料记载当时的租金大约是一天三尺绢，也叫"雇车"。除了官用租赁外，私人之间也有借车、租车的，"寻常出街市干事，稍似路远倦行，逐坊巷桥市，自有假赁鞍马者"。长安就出现了专门租车的店铺，主要出租的车有牛车、驴车等，其店主被叫作车家、车者或车子。

据《太平广记》载，晋州有一个女道士崔练师，她有一辆辎车，经常出租出去给自己赚点小钱。有一次，车于路中辗杀了一个小孩子。孩子父母悲痛欲绝，告官索要赔偿。官府把驾车者押来捆上，想让他把牛车赔偿给孩子的父母。车夫忙解释："车子也不是我的，是崔练师那里租来的呀！"官府招来崔练师，把她也给绑了。可见，租车风险可不小，崔练师本打算靠出租牛车为生，没想到一场车祸却让她身陷囹圄。

经济发达的大都市长安车辆是越来越多，停车的地方也是越来越紧张，甚至出现了如同今日停车位一位难求的场景。于是，长安又出现了专门存车的车坊，就是现在的停车场。这也分为官府车坊和私人车坊。官车坊从中央到地方各级政府都有设置，主要用于存放车辆。因为车多，所以各地都把车坊建设得很大，尤其是长安的一些官车坊更是宽敞华丽。唐朝百官上早朝时，需要等皇帝的到来，在没有建设专门供百官休息等待的待漏院时，朝臣们早朝之前就在停放自己爱车的光宅车坊避风雨。有的官车坊装饰华丽、面积宽阔，有时甚至成了迎来送往的好去处、摆酒设宴的场所。私人的车坊大都是用于出租，从中谋利。看到有利可图，一些官员也跟着建私人车坊，与民争利。为此，唐皇帝曾下诏予以限制。唐玄宗开元二十九年（741）曾下诏："禁九品已下清资官置客舍、邸店、车坊。"

敦煌 85 窟壁画中唐代各色车具

　　唐长安的道路建设搞得非常好，交通工具也得到了很大的发展，但是，当时交通工具的选用有一定的身份限制：如何乘车，乘何种车，坐什么轿子，都有一些规定。

　　唐长安的交通工具在使用上是有明确规定的，尤其是车辆，各级官员的车辆和驾马、牛数量的配备都有具体规定，要求不能高配，"上得兼下，下不得拟上"。皇帝和亲王、公主随时可以坐马车，其他官员部分情况下不许乘马车，只能坐牛车，后来最省事的就是骑马，才能不违制。唐代男子骑马没什么，女子骑马一开始还是有严格规定的。据《东京梦华录》记载，唐初规定宫中及王公贵族的女子骑马，要戴上西部少数民族的一种帽子——幂䍦，宽大帽檐，周围有网纱包裹，网纱垂至脚面，是全身都要遮得严严实实。唐高宗永徽之后，就不用裹得那么严实了，可以戴帷帽，帷帽的网纱短得多，只遮住脸，身上的衣服是可以露出来的。

盛唐时期，风气越来越开放，宫中女子开始戴"胡帽"骑马，这胡帽就没有网纱遮脸了；再后来，直接连帽子都不戴了，打扮得美美的，骑上马就可以出去玩耍了。这时的女子还可以乘坐肩舆，又称"檐子"，用竿抬，周围没有围挡，这是大户人家妇女比较流行的一种出行方式。普通百姓一般

唐彩绘釉陶戴笠帽女骑俑，出土于唐太宗昭陵的陪葬墓郑仁泰墓，是初唐仕女骑马出行的写真：马身上有红斑纹，鞍鞯彩绘贴金，十分别致；女子头戴帷帽，穿圆领窄长袖衫，白色对襟绘花襦外套，下着长裙，神态悠然，气度不凡，展现了唐代女性自由生活的社会风尚

都以驴子作为主要的交通工具。骡子、骆驼、牛也是平民可选的交通工具。

◆ 衣冠乘马可不安全

唐睿宗景云二年（711）的初秋，皇太子李隆基要亲自前往国子监举行释奠之礼，祭拜先圣先师。太常寺不敢怠慢，立即起草了一份仪注，命令参加这次祭祀活动的随从大臣都要穿戴专用的冠服，并且骑马一同前往。命令下达以后，太子左庶子刘知几上了一封奏疏，其中有这样的内容：

臣伏见比者銮舆出幸，法驾首途，左右侍臣皆以朝服乘

马。夫冠履而出，止可配车而行，今乘车既停，而冠履不易，可谓唯知其一而未知其二也。何者？褒衣博带，革履高冠，本非马上所施，自是车中之服。必也袜而升镫，跣以乘鞍，非惟不师古道，亦自取惊今俗，求诸折中，进退无可。……事有不便，资于变通。其乘马衣冠，窃谓宜从省废。

刘知几通过奏疏明确反对骑马着衣冠的命令，他是有理由的，因为宽袍大袖的古礼衣冠只能在马车上穿戴，如果骑在马上穿着这些，既不符合古礼，也不符合当今习俗。秦汉以来乘车出行，马车一直是非常重要的礼仪工具。到了唐朝，士人都不乘车出行，而车驾冠冕制度未作及时调整，尤其是让官员骑马而又着车架冠冕，的确是不伦不类。

秦汉时期的衣冠长裙广袖、佩饰繁杂，骑马时多有不便不说，一旦马被佩饰丁当的响声惊逸，有可能造成官员摔下马，不仅影响官员形象，更有损朝廷威仪。因为刘知几的建议很有针对性，得到了李隆基的认同。说起来，这是一次车驾和骑马出行的服装礼仪变革，这个建议防患于未然，免了不少交通事故的发生。

◆ 皇帝可乘辇，百姓不许坐檐子

在长安，除了骑马以外，坐檐子出行的方式，在王公女眷中渐渐兴起。可是，唐高宗就曾对此喊停，咸亨二年（671）有一道敕令，其中这样说："百官家口，咸预士流，至于衢路之间，岂可全无障蔽。比来多著帷帽，遂弃羃䍦，曾不乘车，别坐檐子。递相仿效，浸成风俗，过为轻率，深失礼容……此并乘于仪式，理须禁断，自今已后，勿使更然。"唐高宗是觉得妇女坐檐子全无遮蔽，自古礼仪都是不允许的，所以就不让

唐阎立本《步辇图》局部，画中唐太宗李世民就乘坐御辇，显示出一代明君的风范与威仪

坐檐子了。

　　檐子，这种类似轿子的交通工具，和皇室的辇很类似。《通志二十略》载："辇，人所辇也，徐爰《释问》云：'天子御辇，侍中陪乘。'今辇制象辂车而不施轮，通幰朱络，饰以金玉，用人荷之。"辇舆起初只有皇室才能使用："秦为人君之乘。汉因之……魏晋小出则乘之，亦多乘舆。"可是到了梁代却贵贱通乘步舆。而唐朝对以前的做法有所改变，唐太宗曾经在诏令中说："自末代浇浮，采章讹杂。卿士无高卑之序，兆庶行僭侈之仪。遂使金玉珠玑，靡隔于工贾，锦绣绮縠，下通于皂隶。习俗为常，流遁忘反，因循已久，莫能惩革。"显然，唐初不认可此前的车服制度，不再允许百官乃至民间乘类

似于步舆的檐子。所以才有了唐高宗的禁令。

唐朝皇室自己喜欢乘坐辇舆出行，却为了皇室威仪禁止百官士庶使用类似的檐子。最终，其禁令效果并不理想，此类檐子已历经几百年发展，前代多有百姓使用，朝廷未必能做到令行禁止。再说皇室成员大摇大摆乘坐辇舆出行，本身就有示范效应，百官士庶也会跟着乘坐檐子出门，尤其是妇女更喜欢乘这种舒适的檐子出行。

到了唐文宗大和六年（832），檐子已经很普及了，吏部尚书王涯在奏疏中都承认："妇人本来乘车，近来率用檐子，事已成俗，教在因人。"既然已经为大多数人接受使用，就只能对此进行规范管理，王涯建议对檐子按照品级予以规范："今请外命妇一品、二品、中书门下三品母妻，金铜饰檐子，舁不得过八人。三品金铜饰犊车，金铜饰檐子，舁不得过六人。非尚书省、御史台，即白铜饰檐子，舁不得过四人。四品五品，白铜饰犊车，白铜饰檐子，舁不得过四人。六品以下，画奚车、檐子，舁不得过四人；胥吏及商贾妻子并不乘奚车及檐子，其老疾者听乘苇軬车及兜笼，舁不得过二人，庶人准此。"

唐文宗开成五年（840），御史中丞黎埴《出使官不得乘檐子奏》中建议："伏以朝官出使，自合驿马，不合更乘檐子，自此请不限高卑，不得辄乘檐子。"这个奏疏也建议出使官不得随意乘坐檐子，如果乘坐，费用自理，说明檐子在官员中乘坐已是很普遍的了。就这样，面对屡禁不止的檐子，唐朝廷也只好默许了。

长安是京城，自然各方面的规矩就多，官方的制度虽然宏观把控着民风民俗，但是民俗的力量也不可小觑。檐子是适应社会发展的、符合人们生活实际的交通工具，即使统治阶级禁止，也最终被广大百姓普遍接受使用，并且得到了政府的默许和认可。

◆ 交通管理规定

为了维护正常的交通秩序，保护民众的人身安全和财产安全，唐代制定了一系列交通管理规定。首先在通行时间的管制上，长安城门、坊门是有开放时间的，日出时五更击鼓开门，日落击鼓关城门，街道上禁止行人，再击鼓后关闭坊门。但也有例外，当政府官员有公务、百姓遇婚丧嫁娶时，则允许日落后通行。随着经济的发展，长安出现了夜市，宵禁管理越来越不合时宜，就逐渐松弛了。对于进出城门的通行规则，也是有明确规定的：左入右出，且"凡行路巷街，贱避贵，少避老，轻避重，去避来"，违反规定的要打五十大板。朝廷安排左右街使负责分察六街徼巡工作，城门、坊角都有武侯铺，内有士兵分守，晚上也有巡逻的士兵。

唐朝法律规定，无故任车马在街巷和人群中奔驰，如果造成人员、畜产伤亡损失，则要按照情节轻重予以处罚。《唐律疏议》中规定："诸于城内街巷及人众中，无故走车马者，笞五十；以故杀伤人者，减斗杀伤一等。杀伤畜产者，偿所减价。余条称减斗杀伤一等者，有杀伤畜产，并准此。若有公私要速而走者，不坐；以故杀伤人者，以过失论。其因惊骇，不可禁止而杀伤人者，减过失二等。"这条法律中，如果因为公事或者私人因为凶、病等急事追人而造成牲畜受惊伤人的情况，则会酌情降低处罚。唐律还规定乘坐或驾驶交通工具对外抛物的也要处罚。对于不走道路翻墙的也有处罚：翻内宫的墙最重，宫城墙次之，外郭城墙最轻，处罚从绞刑到流放二年半递减。

法治直播：唐代交通违章致 8 岁儿童重伤！

吐鲁番阿斯塔那古墓中出土了一份卷宗——《高昌县勘问康失芬行车伤人案卷》，还原了唐代一起交通事故的现场和最终审判结果。唐代宗宝应元年（762），西州高昌县（今吐鲁番市高昌区）闹市的街道上，张游鹤店家门口有两个 8 岁小孩，男孩儿叫金儿，女孩儿叫想子，二人相耍正欢。突然，一辆牛车飞驰而至，冲破人群，两个幼童被撞倒后，车轮从他们腰间碾过。驾车人名叫康失芬，是粟特人靳嗔奴的雇工，本来是押车送土坯的，对借来的牛车驾驶不熟练，导致碾伤孩童：金儿腰部以下骨头全部破碎，性命难保；想子腰骨损折，也有性命之忧。儿童家长报官，当时判决是：康失芬先承担孩子的医疗费用，他和雇主 50 天内不允许离开高昌县，50 天后，依据孩子治疗结果量罪刑罚。

长安水边多丽人

长安园林一赏

如今，生活在高楼林立的城市里，人们在繁忙的工作之余是很乐于与大自然来一个亲密接触的，公园就是很好的选择。千年以前的大唐，作为数一数二的国际化大都市长安也建有不少公园，给京城居民提供了文娱休闲的好场所。与现在不同的是，除了公共园林以外，皇帝会有自己的皇家专属园林；有些王亲贵胄家里也修建有私家园林，这些地方是寻常百姓不能买票进入的。

◆ 皇家园林拟比天宫

长安最气派的园林当属皇家园林，唐王朝在长安城北建成的皇家禁苑，东起灞河，西近咸阳，北至渭水，南及北城墙，东西宽二十七里，南北宽二十三里，是唐王室最大的园林。四面开门十个，苑内有离宫台观二十四所，广植花木，辟有葡萄园、桃园、梨园等，给宫廷供应新鲜水果。万绿丛中，百花争艳，清流曲折，湖光潋潋，殿群宫室，巍峨壮观。梨园旁有一个院落，里面有很多专司音乐舞蹈的梨园弟子，负责宫廷曲艺娱乐活动。苑内还饲养有很多珍奇异兽，皇帝在处理政务之余，就近能欣赏到秀丽的湖光山色，还可以进行射猎活动。王建《宫中三台二首》对其有过生动的描写："池北池南草绿，殿前殿后花红。天子千年万岁，未央明月清风。"

除了禁苑外，芙蓉园也是著名的皇家园林。芙蓉园又称芙蓉苑、芙蓉池，也叫南苑，位于长安城外东南隅，与曲江池紧密相连，属于曲江池的一部分。芙蓉园本来是隋代离宫，唐朝后被划为御苑。张礼《游城南记》注文中说："芙蓉园在曲江之西南，隋离宫也，与杏园皆秦宜春下苑之地，园内有池，谓之芙蓉池，唐之南苑也。"唐朝在园中增建了紫云楼、彩霞亭等建筑，楼亭

唐韩幹《猿马图》，此图所绘竹石树林精致细微，三猿戏于枝间石上，其下黑白双骏体态俊美，身形矫健，缓步徐行，猿神情悠然，骏马则透出贵气，可能豢养于皇家园林中

掩映于红花绿草之中，景色无限美好。宋之问有诗写道："芙蓉秦地沼，卢橘汉家园。谷转斜盘径，川回曲抱原。风来花自舞，春入鸟能言。侍宴瑶池夕，归途箛吹繁。"芙蓉园依山傍水，曲径通幽，鸟语花香，似天上瑶池。李绅《忆春日曲江宴后许至芙蓉园》诗对园中的风景有所描写："绿丝垂柳遮风暗，红药低丛拂砌繁。归绕曲江烟景晚，未央明月锁千门。"可以想见，诗人所见芙蓉园以水景为中心，凤凰池畔有垂柳依依，傍柳有香径环绕。春风吹过桃李花开，惹人驻足，池边红艳艳的芍药，更是灿烂夺目。城门内，庭院深深，鳞次栉比。凤凰池边的小径上有人骑着马，在缓缓地漫游。

◆ 私家园林独具匠心

唐代的权贵豪富也很热衷于建造自己的私家园林。偶尔来住，避暑避寒，休闲娱乐，在其中读书、游憩、养生，好不惬意。另一层，私家园林是权贵阶层集宴交友、扩展人脉圈子的好场所。在景色宜人的私密场所莺歌燕舞、把酒言欢，适合与政客阔谈谋划，也适合与文人骚客吟诗风雅。

也正因为有以上功能，这些园林基本建得有山有池，有宴饮的厅堂亭轩和供演奏歌舞的大厅。条件更好的私家园林，景致出奇，移步换景：层叠巨大的奇石作山、珍稀名贵的木材作栋，歌堂舞榭，步廊回环，不计代价凿池筑岛，其间有奇珍异兽、名贵花草，处处弥漫着绮丽富贵之风。其中，太平公主建的山池最著名，这个太平公主可了不得，她是唐高宗李治与武则天的小女儿，也是唐中宗和唐睿宗的妹妹，极受父母兄长尤其是其母武则天的宠爱，权倾一时。同时代的诗人宋之问写过《太平公主山池赋》，对她的私家园林有细腻描述："列海岸而争筝，分水亭而对出。其东则峰崖刻画，洞穴萦回。乍若风飘雨洒兮移郁岛，又似波沈浪息兮见蓬莱。图万重于积石，匿千岭于天台，荆门揭起兮壁峻，少室丛生兮剑开。……其西则翠屏崭岩，山路诘曲，高阁翔云，丹岩吐绿。……罗八方之奇兽，聚六合之珍禽。别有复道三袭，平台四注，跨渚兮交林，蒸云兮起雾。鸳鸯水兮凤凰楼，文虹桥兮彩鹢舟，山池成兮帝子游，试一望兮消人忧。"太平公主的山池怪石林立、丹岩屏翠、洞穴萦绕，更有亭台楼阁，而且尽采天下珍禽异兽、奇花异草移于一池，真是方寸之间尽显精美奢华，堪称私家园林的经典。

私家园林的功能除了休闲，还有宴集的作用。著名的崔驸马宅园就经常有各种宴集活动。这位崔驸马，正是唐玄宗的晋国公主下嫁的驸马，名叫崔惠童。他在长安城东有庄园，常于此宴饮宾客。据《旧唐书·哥舒翰传》载："（天宝）十一载……禄山、思顺、翰并来朝，上使内侍高力士及中贵人于京城东驸马崔惠童池亭宴会。"

许多文人也经常参加崔驸马的游园宴集，纷纷留下诗文。诗人朱庆余有诗："选居幽近御街东，易得诗人聚会同。白练鸟飞深竹里，朱弦琴在乱书中。亭开山色当高枕，楼静箫声落远风。何事宦涂犹寂寞，都缘清苦道难通。"诗中写到崔驸马的宅院是庭院深深、祥鸟云集，亭台高阔、楼阁肃穆，人们畅游其间，弹琴、吹箫、吟诗抒情，畅叙友谊，仿佛置身世外桃源。由此可见园林生活非常风雅，充满情趣。著名诗人岑参也参加过崔驸马园林的宴集，他盛赞园中风景之美："竹里过红桥，花间藉绿苗。池凉醒别酒，山翠拂行镳。"

明赵伯驹（传）摹唐李昭道《海天旭日图》，青绿主调，亭台楼阁、海浪舟桥，精致不凡

◆ 百姓也有好去处

皇家园林、私家园林，寻常百姓是无缘一窥的，但是唐长安城也有很多随处可见、不要门票的好风光，到了踏春的时节、节假日，百姓也会纷纷出门赏花看景，聚集游玩。熙熙攘攘的人群中随处可见笑脸，随处可听孩童嬉戏的笑声，随处可闻小摊美食的香气，如此百姓和乐的烟火场景才是大唐真正的盛世画卷。

长安城内公共园林景观首选就是寺观，当时的寺观都建在风景优美的地方，注重园林绿化和景点建设，百姓很喜欢去游玩。位于长安东南乐游原上的青龙寺，是唐代寺院园林的代表。青龙寺始建于隋文帝开皇二年（582），原名灵感寺，唐景云二年（711）改名为青龙寺。是唐代著名的佛寺之一，曾吸引大批日本留学僧人入唐求法，在青龙寺学习。不仅如此，青龙寺因为其地处山冈，周围环境优美，再加上寺内栽植了不少花草树木，成了人们烧香拜佛的好去处，每年都吸引大批游

人前来踏青赏景，休闲娱乐和放松心情。唐朱庆余有《题青龙寺》诗："寺好因岗势，登临值夕阳。青山当佛阁，红叶满僧廊。竹色连平地，虫声在上方。最怜东面静，为近楚城墙。"

玄都观也是当时长安的游览胜地。玄都观原为北周通道观，隋开皇二年（582）从汉长安故城迁至大兴城，改名玄都观。唐朝初年，玄都观又经历了多次整修扩建，盛唐时尤为兴盛。史料记载，玄都观的大殿中，有唐初著名画家范长寿绘制的精美壁画。玄都观在当时影响很大，《唐会要》载，玄都观"有道士尹崇，通三教，积儒书万卷，开元年卒。天宝中，道士荆朏，亦出道学，为时所尚"。同时，这里景色优美，尤其是桃花很有名。"紫陌红尘拂面来，无人不道看花回。玄都观里桃千树，尽是刘郎去后栽。"这是唐代著名诗人刘禹锡游览玄都观后留下的诗句，流传甚广，进一步扩大了玄都观的影响，更是吸引了大批游人前来观光赏桃花。

长安最著名的公园是曲江。据《太平寰宇记》卷二五载："曲江池，汉武帝所造，名为宜春苑，其水曲折，有似广陵之江，故名之。"到了隋朝，因地制宜重开曲江池，大兴城总设计师宇文恺以新京"南隅地高，故阙此地，不为居人坊巷，凿之为池，以厌胜之"。唐初，对此地园林再次进行大规模的兴建，宋张礼《游城南记》说："唐开元中疏凿为胜境。江故有泉，俗谓之汉武泉。又引黄渠之水以涨之。"曲江规模不断扩大，愈加富丽优美，宫殿林立、绿树环绕、水色明媚。每到春分、秋分及重要节日，长安城内的皇室贵族、达官显要都会携家眷游赏，处处樽壶酒浆，笙歌画船，文人墨客吟诗作赋，豪饮作欢，百姓也都云集于此，其游览盛况是："都人游玩，盛于中和（二月初一）、上巳（三月初三）之节。彩幄翠帱，匝于堤岸。鲜车健马，比肩击毂。上巳即赐宴臣僚，京兆府大陈筵席。长安、万年两县以雄盛相较，锦绣珍玩，无所不施。百辟会于山亭，恩赐太常及教坊声乐，池中备彩舟数只，唯宰相、三使、北省官与翰林学士登焉。每岁倾动皇州，以为盛观。"

唐代新科进士及第总要宴饮聚会，皇帝会在曲江赐宴。这些青年才俊在这里乘兴作乐，置杯于盘上，盘浮于曲江流水之上，盘随水转，转至谁前，谁执杯畅饮，饮完就要当场作诗，这种妙趣横生的聚会受到众人喜爱和推崇，"曲江流饮"也成为长安八景之一。浪漫又富有艺术气息的大唐随处可见创意和美感，这样的风流雅兴放在如今也是令人歆羡的。

长安公共园林还有北接大慈恩寺、东邻曲江池的杏园，早期以杏林而得名。早春时节，满园杏花盛开，游人纷至沓来赏花游园。对此，诗人们赞叹不已，诗人姚合《杏园》诗："江头数顷杏花开，车马争先尽此来。欲待无人连夜看，黄昏树树满尘埃。"杜牧《杏园》诗："夜来微雨洗芳尘，公子骅骝步贴匀。莫怪杏园憔悴去，满城多少插花人。"每年三月，新进士及第后会在此举行"探花宴"，亦名"杏园宴"。

杏园宴也从此和才子分不开关系，"杏林得意"指的就是进士及第的意思。

长安的公共园林还有昆明池、定昆池、龙首渠沿岸、清明渠沿岸、永安渠沿岸等。这些园林的建设，为长安上至达官显贵，下至平民百姓的生活增添了浪漫的生活情趣。各色园林让长安人饱览美景，纵情歌咏，充分享受着盛唐长安的美好与祥和。

时人竞为牡丹狂

许多人说，洛阳的牡丹比长安的出名。岂不知，唐代长安的牡丹种植更早更广泛，成为京城的一大景观，惹得人们竞相游览观赏。据史料记载，从唐开元中期起，牡丹就在长安逐渐种植起来，凡寺观、官衙以及宫殿无不栽种。《唐国史补》就记载："京城贵游，尚牡丹三十余年矣。"长安官员的宅院也会种植牡丹，每逢春天花期，他们往往会邀请亲朋挚友来宅府观赏牡丹、饮酒赋诗，这也成为当时士大夫社交活动的重要方式之一，而观赏牡丹则成为活动的主题。李白、刘禹锡、白居易等都有咏牡丹诗，把牡丹描绘得最浪漫的当属李白："云想衣裳花想容，春风拂槛露华浓。若非群玉山头见，会向瑶台月下逢。"这是他的《清平调》之一，诗里沾着晶莹露珠的牡丹花更显娇嫩艳丽，以此映衬杨贵妃貌比天仙，浪漫至极。把牡丹写得最动人的是刘禹锡："庭前芍药妖无格，池上芙蕖净少情。唯有牡丹真国色，花开时节动京城。"比起妖艳无格的芍药，牡丹雍容华贵，落落大方；比起清静寡情的荷花，牡丹楚楚动人，国色天香。正因如此，牡丹艳压群芳，名动京城。而把牡丹写得最亲民的是白居易："帝城春欲暮，喧喧车马度；共道牡丹时，相随买花去。贵贱无常价，酬值看花数。灼灼百朵红，戋戋五束素。……家家习为俗，人人迷不悟。"诗人们用笔描绘出了当时帝都长安人们栽培和欣赏牡丹的盛景。

◆ 一枝千金白牡丹

当时长安人多以红色、紫色的牡丹为贵。正如白居易所说："君看入时者，紫艳与红英。"开元年间，白牡丹传进了长安城。据段成式《酉阳杂俎》卷一九载："开元末，裴士淹为郎官，奉使幽冀回，至汾州众香寺，得白牡丹一窠，植于长安私第。天宝中，为都下奇赏。"诗人卢纶曾在裴士淹的宅院中见过这种素净超然的白色牡丹，深以为奇，叹息人们还在争相欣赏名贵的紫牡丹："长安豪贵惜春残，争玩街西紫牡丹。别有玉盘承露冷，无人起就月中看。"白居易见过白牡丹，非常喜爱，赞叹道："对之心亦静，虚白相向生。"

自从裴士淹从汾州将白牡丹移植到长安后，与原来各色牡丹杂交栽植，从此长安便有了更多颜色的牡丹，后来还出现了变异品种和重瓣的花种。据《酉阳杂俎》载："兴唐寺有牡丹一窠，元和中，著花一千二百朵，其色有正晕、倒晕、浅红、浅紫、深紫、黄白檀等，独无深红，又有花叶中无抹心者，重台花者，其花面径七八寸。"而《杜阳杂编》也载，穆宗皇帝

"殿前种千叶牡丹，及花始开，香气袭人，一朵千叶，大而且红"。这说明，早在唐代已经有了重瓣牡丹。

唐时，长安白牡丹曾经一枝独秀，人们十分欣赏，争相购买，一时间白牡丹价格昂贵。诗人王建在其《同于汝锡赏白牡丹》诗中说："并香幽蕙死，比艳美人憎。价数千金贵，形相两眼疼。自知颜色好，愁被彩光凌。"他还有一首赏牡丹诗也写道："教人知个数，留客赏斯须。一夜轻风起，千金买亦无。"表明了白牡丹的价格之高。

◆ 深色牡丹百石粮

除了一枝千金的白牡丹以外，有一阵子，长安开始偏爱深色牡丹，尤其是深红色的牡丹。深色牡丹的价格就跟着水涨船高，甚至贵逾千金。白居易《买花》诗曰："有一田舍翁，偶来买花处。低头独长叹，此叹无人谕。一丛深色花，十户中人

清蒋廷锡《百种牡丹谱》中的各色牡丹，其中，从左到右依次是：红牡丹、白牡丹、单瓣牡丹、重瓣牡丹、深红牡丹、紫牡丹

赋！"一丛牡丹可以抵得上十户中等人家的赋税了。据测算，在当时，一株牡丹的价格，在粮价下跌的情况下，甚至可以顶

百十石的粮食，其价格之高令人惊叹。

◆ 一城之人皆若狂

长安城中的牡丹热是持久的，诗人王建在《长安春游》中说："牡丹相次发，城里又须忙。"诗人崔道融《长安春》诗也说："长安牡丹开，绣毂辗晴雷。若使花长在，人应看不回。"火遍长安的牡丹一直让人如痴如醉，令车马若狂。因此，牡丹不仅作为赏花首选，连庆祝科举及第的习俗中，也占有一席之地。牡丹宴，是唐代科举及第后在曲江举办的宴饮游乐活动项目之一，规模大，场面壮观，引得长安城内的人们都涌来围观。

不仅如此，唐代还有不见牡丹死不瞑目的怪事。据《独异志》载："唐裴晋公寝疾永乐里，暮春之月，忽遇游南园，令家僮舁至药栏，语曰：'我不见此花而死，可悲也。'怅然而

返。明早，报牡丹一丛先发，公视之。三日乃薨。"长安人裴度临死前，想看到牡丹花，便让仆人把他抬到花圃，却未见花开。第二天一早，突然有报牡丹开了一枝。在看到牡丹花三天

后，裴度就去世了。牡丹花让人们如此喜爱、如此心醉、如此向往，在唐之前几乎是没有的。

值得一提的是，"国色天香"这个雍容华贵的名词也是因唐长安的牡丹而诞生。元和年间中书舍人李正封有诗吟咏："国色朝酣酒，天香夜染衣。"这首诗便是牡丹"国色天香"的出处。牡丹在盛唐名动京城，"花开花落二十日，一城之人皆若狂"。牡丹象征雍容华贵、幸福安康，不正迎合了大唐盛世百姓对繁荣昌盛、富贵平安的期盼吗？长安作为唐时的国都，孕育了牡丹文化，并且提升了牡丹的文化内涵，同时，也影响带动了全国各地牡丹的种植，让牡丹文化得以流传并点缀着中华大地。

佛寺轶闻：调虎离山买牡丹

长安城中的牡丹种植以寺庙道观为最多，尤其是慈恩寺的牡丹在长安非常有名，唐康骈《剧谈录》卷下载："京国花卉之晨，尤以牡丹为上。至于佛宇道观，游览者罕不经历。慈恩浴堂院有花两丛，每开及五六百朵，繁艳芬馥，近少伦比。"唐武宗会昌年间，发生了一起权贵强买殷红牡丹的事件。有一个叫思振的僧人，与朝士数人同游僧舍。欣赏牡丹时叹息自己从没见过深红的牡丹，恐怕世间就没有。慈恩寺的老僧笑道："怎会没有？你们没见过罢了。"老僧悄悄带众人前往一间施设幡像、有遮幕的房子，幕下启动开关，进入一个柏木为轩虎栏槛的小院。有殷红牡丹一丛，婆娑数百朵。初日照辉，朝露半晞，浓姿半开，炫耀心目。这是老僧精心栽培二十年的名贵花种，大家惊叹异常，赏花到傍晚才散去。后来，老僧去曲江赏花，有数人入寺院把殷红牡丹挖走了。留下这么一句："知有名花，宅中咸欲一看，不敢预请，盖恐难舍。已留金三十两，蜀茶二斤，以为报矣！"

农历三月初三，是我国古代一个重要的节日——上巳节。这个节日最早在《诗经·溱洧》里有记载，在三月的第一个巳日举办，故称上巳节。郑国民俗是百姓去溱、洧两水执兰草招魂续魄，除祓不祥。三国以后，日子改为三月初三，内容变成人们去河边洗濯污垢，袚去热病，也叫"袚禊"。经过历代的发展，上巳节内容不断增加，唐朝时期，上巳节已经成为一个非常重要、极其热闹的旅游节日，人们会在水边祓禊饮宴、曲水流觞、踏青春游。

◆ 传统的春浴日

在唐朝，每到上巳节这一天，长安上至皇亲贵胄，下至黎民百姓，伴随着春天万物复苏的气息，纷纷到水边洗涤去垢，消除不祥，这一天也叫"春浴日"。唐代，皇帝在三月三上巳节宴请群臣极为盛行。唐德宗时期，已经将上巳节赏宴定成了制度，不仅颁布诏令在上巳节放假，而且予以金钱赏赐。百姓们则在曲江池、灞河、洛河、渭河边聚集，曲水流觞、赏景赋诗、男女相会、踏青游玩等，简直成了大唐盛世上上下下的狂欢节。

曲江池是上巳节旅游首选之地。《剧谈录》记载，曲江池"花卉环周，烟水明媚。都人游玩，盛于中和、上巳之节，彩幄翠帱，匝于堤岸，鲜车健马，比肩击毂"。曲江池富丽大气，皇家经常会于重大节日在曲江举办些聚会饮宴，赐赏文艺演出，因此这里最为热闹。上巳节来曲江踏青游玩的人携家带口，到处是车马彩幄，池中彩舟飘出华丽的宫廷乐曲，达官贵人们出游随身所带的珍玩玉器在春天的阳光下闪耀着诱人的光泽。

除了宴饮踏青以外，皇帝、官员、百姓也不会忘记上巳节本来的文化内涵，纷纷在水边举行祓除不祥的祓禊活动，用沐浴消除灾祸，祈来福气。名相张九龄对于祓禊活动也是情有独钟，他在《三月三日登龙山》中写道："伊川与灞津，今日祓除人。岂似龙山上，还同湘水滨。衰颜忧更老，淑景望非春。禊饮岂吾事，聊将偶俗尘。"白居易《三月三日祓禊洛滨》则描写了洛水边上巳节的祓禊活动，那天的现场也是很热闹的："金钿耀桃李，丝管骇凫鹥。转岸回船尾，临流簇马蹄。闹翻杨子渡，踏破魏王堤。"王维《奉和圣制上巳于望春亭观禊饮应制》记录了他在长安浐水边的望春宫参加了祓禊宴饮。他写道："渭水明秦甸，黄山入汉宫。君王来祓禊，灞浐亦朝宗。"可以想见，虽然人们踏春游乐，却也没有忘记上巳节祓禊深层次的文化内涵，这种传承精神是很可贵的。

◆ 诗人的三月三

三月三上巳节期间，最为活跃的还是诗人们，他们聚在一起，参加宴饮，赏景祓禊，让上巳节的诗歌大会成为唐代最为独特的风景线。

唐高宗调露二年（680）的三月初三上巳节，在王明府山亭举办了一场有记载的上巳节诗会，著名诗人陈子昂、席元明、韩仲宣、高球、高瑾和崔知贤等出席。宴会酣畅淋漓之时，诗人们分别赋诗一首，而且皆是四言古体诗，题目均为《三月三日宴王明府山亭》。后收入《全唐诗》，留下了宝贵的上巳节诗会资料。其中陈子昂写道：

暮春嘉月，上巳芳辰。群公禊饮，于洛之滨。

奕奕车骑，粲粲都人。连帷竞野，祓服缛津。

青郊树密，翠渚萍新。今我不乐，含意维中。

据《上巳日涧南园期王山人陈七诸公不至》一诗，孟浩然也曾组织过一次上巳诗会，最后因为人没到齐没有办成。但他留下诗句："上巳期三月，浮杯与十甸。坐歌空有待，行乐恨无邻。日晚兰亭北，烟开曲水滨。"而最典型的当属白居易、刘禹锡和王起，三位诗人在会昌元年（841）上巳节举办了一次独特的上巳节诗会，联袂创作《会昌春连宴即事联句》，这首由三个人分句写成的诗歌，堪称描写三月三的经典之作。其中，白居易写道："元年寒食日，上巳暮春天。鸡黍三家会，莺花二节连。"刘禹锡写道："光风初淡荡，美景渐暄妍。簪组兰亭上，车舆曲水边。"王起写道："松声添奏乐，草色助铺筵。崔舫宜闲泛，螺杯任漫传。"

唐张萱《虢国夫人游春图》，画中杨贵妃的三姐虢国夫人与眷从在上巳节盛装游春，一派富贵绮丽之风

◆ 笙歌狂，斗奢忙

　　虽然上巳节已是举国狂欢，但是权贵们的节日还是百姓难以想象的奢侈。三月三日这天，皇帝往往在曲江池宴会群臣，长安的权贵们则趁此时机斗奢炫富，把家里最珍贵的宝贝全翻出来带上，曲江池边满眼是锦绣丝绸和珍奇玩物。朝廷大官们聚会的山亭里，有皇家乐队在演奏音乐，池中几条结彩大船，专供宰相与翰林学士等少数重臣乘游。诗人白居易就曾在一个上巳日，先在皇宫内陪皇帝吃饭，吃到了人间珍馐，然后去曲江游乐，欣赏了皇家歌舞演出。这般奢华享受让他受宠若惊，直言："荣降天上，宠惊人间。"

　　歌舞宝物之外，权贵女眷装扮精致云集曲江，更是增添了这节日的华丽气场。杜甫的《丽人行》里描述道："三月三日天气新，长安水边多丽人。态浓意远淑且真，肌理细腻骨肉匀。绣罗衣裳照暮春，蹙金孔雀银麒麟。"显官贵妇成群地来到曲江边，架起帐幕，大摆筵席，且看席上餐具："紫驼之峰出翠釜，水精之盘行素鳞。犀箸厌饫久未下，鸾刀缕切空纷纶。"妇女们衣裳都能抢夺春色，首饰也是金玉闪耀，每一件餐具都是稀世珍宝，这场景足以让人目眩神迷。杜甫诗中描绘的是玄宗时期的杨国忠兄妹上巳节春游的场景，当时的杨氏一族权势滔天，这春游的奢靡程度令人咋舌。

　　唐玄宗执政后期带头注重物质享受，这一时期权贵竞相攀比，从三月三上巳日春游大会可窥一二。当时，上巳节的赐宴都要在长安城南的曲江亭举行，为了便于从城北的兴庆宫到城南的曲江，玄宗曾经修筑了一条长达八公里的夹墙，可以避人耳目，随时去曲江游玩。尤其是三月三日，百姓能听到夹墙内传出皇妃贵妇和宫女们莺歌燕语、环佩叮当的声响，杨贵妃和她的姐妹虢国夫人、秦国夫人就在其间。大臣、贵妃云集曲江池畔，"酒后人倒狂，花时天似醉；三春车马客，一代繁华地"。殷尧藩有诗《上巳日赠都上人》也描写了上巳节上层社会"斗奢"之景："三月初三日，千家与万家。蝶飞秦地草，莺入汉宫花。鞍马皆争丽，笙歌尽斗奢。吾师无所愿，惟愿老烟霞。"

◆ 曲江宴，择东床

唐代科举有个不成文的习俗，就是新科进士正式放榜以后要参加皇帝在曲江举办的庆祝宴会，聚会恰好就在上巳节之前，这个宴会更给三月初三上巳节增加了热闹的气氛。那时，能够参加曲江宴会是多少读书人梦寐以求的盛事，也是进士们展示才华风采的绝佳机会，他们当时的心情可想而知。宣宗时，诗人刘沧中进士赴宴后，写了七律《及第后宴曲江》记叙了当时的盛况：

及第新春选胜游，杏园初宴曲江头。

紫毫粉壁题仙籍，柳色箫声拂御楼。

霁景露光明远岸，晚空山翠坠芳洲。

归时不省花间醉，绮陌香车似水流。

曲江宴上，还要从新科进士中挑选两名最年轻俊美者充当探花使，走遍长安城，把城中最美的鲜花采来带到宴会上，以示隆重。由于唐政府高度重视，进士们乐于参加，所以曲江宴活动丰富多彩，还设有题名席。宴会后，进士们一同前往慈恩寺题名于塔壁，在同年中选出善书法者书写，后世称之为"雁塔题名"。白居易就曾写道："慈恩塔下题名处，十七人中最少年。"题名毕，大家即乘画舫游玩。有时，皇帝高兴起来，还会优诏新进士进入芙蓉园游赏，这对于新进士们来说，无疑是一件非常荣耀的事情。诗人李绅就有亲身体会：

春风上苑开桃李，诏许看花入御园。

香径草中回玉勒，凤皇池畔泛金樽。

曲江宴是新登科的青年才俊的聚集地，吸引来了京城公卿携女眷全家出动，"钿车珠幕，栉比而至"，争相在官场新秀中为自家挑选乘龙快婿。而百姓也想一睹进士们的风采，于是曲江风景区内"车马阗塞，莫可殚述"，曲江宴成了三月初三上巳节的预热活动，把这个万人空巷的文化旅游节推向了高潮。

乐

一曲能止万人喧

最爱霓裳羽衣舞

唐朝国力强盛，文化多元，乐舞艺术得到了极大发展，上至宫廷，下至百姓，全民都在载歌行乐。据《乐府杂录》载，在唐德宗年间，有位叫作康昆仑的"琵琶第一手"。有一次，长安的东市和西市搭起了彩楼，举办市民琵琶大赛。康昆仑在东市彩楼弹了一曲新翻羽调《绿腰》，大家觉得他赢定了。没想到，西市突然杀出一位女郎，公然宣称："我也要弹这个！我还要移调弹。"结果琴音一出，绝妙入神，震惊四座！康昆仑只好甘拜下风。在场上万名观众也跟着叫好，甚至惊动了德宗皇帝亲自接见。

玄宗是一位酷爱乐舞艺术的浪漫皇帝，经常在长安勤政务本楼举行歌舞晚会。前来广场观看的每每数万人之众，除皇亲国戚和文武百官外，平民百姓也蜂拥而来，整个会场人头攒动，长安万人空巷。一次，观众太多了，结果，窃窃私语的有之，高声喧哗的有之，整个广场秩序十分混乱。坐在楼上的皇帝、皇妃和大臣都听不清歌舞、百戏的音乐，又没有办法让这么多人停止喧哗。高力士出了一个好主意：把当时最受欢迎的女歌唱家许和子请出来。唐玄宗不胜其烦，立即召许和子出场。大家一听说许和子出场了，一起把目光投向了高高的舞台。音乐响起，许和子歌声传来，顿时"广场寂寂，若无一人"。她歌声激昂时，听者热血沸腾；她歌声沉郁时，人人悲痛欲绝。歌声停止了，观众半天才清醒过来，欢声雷动，真是"一曲能止万人喧"。晚会达到了高潮，唐玄宗自然龙颜大悦，重重有奖。许和子是永新（今江西吉安永新县）人，留下了"永新善歌"的美名。

敦煌莫高窟第 85 窟壁画中的大型乐舞场面

开元十七年（729）八月初五，是唐玄宗生日，宰相张说建议举国同庆，就有了千秋节。玄宗看着自己治下的开元盛世，甚是自豪，在兴庆宫花萼相辉楼前举行了盛大的宴会和乐舞表演，杨贵妃还亲自表演《霓裳羽衣曲》，为皇上和宾客助兴。

相传，《霓裳羽衣曲》是玄宗所作，舞蹈是杨贵妃设计的。刘禹锡有诗载："开元天子万事足，惟惜当时光景促，三乡陌上望仙山，归作《霓裳羽衣曲》。"千秋节盛会上，细腻优美的《霓裳羽衣曲》奏起，杨贵妃带着宫女载歌载舞，宛如仙女下凡，群臣和在场的观众看得眼都直了。白居易赞不绝口，写下《霓裳羽衣歌》："我昔元和侍宪皇，曾陪内宴宴昭阳。千歌百舞不可数，就中最爱霓裳舞。舞时寒食春风天，玉钩栏下香按前。按前舞者颜如玉，不著人家俗衣服。虹裳霞帔步摇冠，钿璎累累佩珊珊。娉婷似不任罗绮，顾听乐悬行复止。"

根据白居易的记载来看，霓裳羽衣舞从曲风到舞者服饰都在极力创造出仙境的氛围，舞者们不着俗衣，个个身穿七彩霓裙，佩戴满身珠翠，如天庭仙女般清丽出尘，舞姿空灵。舞蹈一开场是由各种乐器演奏出的节奏自由、悠扬动听的序曲，然后舞伎跟着节拍翩然起舞，舞姿飘忽旋转，如翩然落下的雪花，轻快转身如受惊的游龙。接着，节奏逐渐转快，舞姿也激昂澎湃起来，环佩叮当响，清脆的声音伴随着力量感让舞蹈达到了高潮，"繁音急节十二遍，跳珠撼玉何铿铮"。曲末，又转悠扬缓慢的节奏，乐器长吹，舞蹈渐歇，似仙子重回人间。

◆ 飞霜殿，消夏宴

唐代长安的夏天是很热的，皇帝经常会在高大宽阔的宫殿或凉亭水榭举办消夏宴会，遍请皇室宗亲、王公大臣参加，宴会上吟诗作对、载歌载舞，有冰块解暑，有美酒助兴，欢乐异常。唐太宗李世民就曾在飞霜殿举办消夏宴，据《册府元龟》载："（贞观）二十年七月辛亥，宴五品已上于飞霜殿。其殿在玄武门北，因地形高敞，层阁三城，轩栏相注，又引水为洁渌池，树白杨、槐柳，与阴相接，以涤炎暑焉。"

武则天也举办过一次规模宏大的消夏诗会——"石淙会饮"。武周久视元年（700），武则天在嵩山东南玉女台修建了避暑行宫——三阳宫。五月，武则天在石淙河边欢宴群臣，她首先即兴作诗一首《夏日游石淙诗》，赞美了石淙夏日景致悦目，凉爽宜人。臣子们纷纷奉和：狄仁杰"飞泉洒液恒疑雨，密树含凉镇似秋"；崔融"树作帷屏阳景翳，芝如宫阙夏凉生"；李峤"金灶浮烟朝漠漠，石床寒水夜泠泠"；苏味道"重崖对耸霞文驳，瀑水交飞雨气寒"。这些和诗都在称赞石淙夏日的清凉美景，表达了与女皇一起消夏避暑的荣幸。最后武则天为自己的诗作序，让工匠刻于崖壁之上，把整个宴会推向了高潮，留下了《石淙》一诗流传千古："三山十洞光玄篆，玉峤金峦镇紫微。均露均霜标胜壤，交风交雨列皇畿。万仞高岩藏日色，千寻幽涧浴云衣。且驻欢筵赏仁智，雕鞍薄晚杂尘飞。"从诗中描写来看，武则天与大臣们同乐消夏，其乐融融。

唐玄宗与杨贵妃在绣岭宫避暑时，曾专门把一位名叫张云容的舞蹈家请来为他们伴舞，杨贵妃陶醉在清凉和舞蹈中，写诗相赠："罗袖动香香不已，红蕖袅袅秋烟里。轻云岭上乍摇风，嫩柳池边初拂水。"这首诗记载的"秋烟"时节，应该就是现在的"秋老虎"，红蕖（红莲）尚能盛开，可见当时温度很高，暑热难耐。

这样的夏日，王公大臣们也会在自建的府邸聚会消暑。顺宗的女儿云安公主驸马刘士泾的府邸，就建有一座"水亭"，当时的著名诗人刘禹锡就曾应邀参加过他举办的消夏宴会，还写下了《刘驸马水亭避暑》一诗："千竿竹翠数莲红，水阁虚凉玉簟空。琥珀盏红疑漏酒，水晶帘莹更通风。赐冰满碗沈朱实，法馔盈盘覆碧笼。尽日逍遥避烦暑，再三珍重主人翁。"他们坐在翠竹、红莲围绕的水阁里，开敞通风，坐在光滑似玉的精美竹席上自然生凉。盛着冰镇葡萄酒的琥珀杯外凝结了一层殷红的水珠，就像漏了酒一样；挂着晶莹剔透的水晶帘，更觉透气清凉。天子赏赐的冰块冰镇着各种珍果玉蔬，御厨制作出来的美味佳肴加盖着碧纱笼。诗人王维也曾被邀请参加过岐王的消夏夜宴："座客香貂满，宫娃绮幔张。涧花轻粉色，山月少灯光。积翠纱窗暗，飞泉绣户凉。还将歌舞出，归路莫愁长。"整个闷热的夏月，贵族们都是在如此逍遥自在的欢宴中度过的，他们在一起吟诗作对、演奏乐器，一展才华，共同娱乐。

◆ **幡花鼓舞庙会常**

长安百姓除了在东西市和勤政务本楼附近观看歌舞表演，也常常去寺院逛庙会。长安的寺院宫观多时达200座，庙会与戏场异常兴盛和发达。庙会与戏场满足了市民休闲娱乐的生活需求，也成为盛唐文化繁盛的证明。

庙会分为相对固定的节日庙会和临时庙会。节日庙会中比较大的如上元节、浴佛节、盂兰盆节（中元节）等，都有较为大型的宗教娱乐活动，并形成戏场。《旧唐书·王缙传》记载了唐代宗时的一次盂兰盆节盛会："代宗七月望日于内道场造盂兰盆，饰以金翠，所费百万。又设高祖已下七圣神座，备幡节、龙伞、衣裳之制，各书尊号于幡上以识之，异出内，陈于寺观。是日，排仪仗，百僚序立于光顺门以俟之，幡花鼓舞，迎呼道路。岁以为常。"

咸通十四年（873）三月，唐懿宗从法门寺奉迎佛骨，据《资治通鉴》记载，这场活动"广造浮图、宝帐、香舆、幡花、幢盖以迎之，皆饰以金玉、锦绣、珠翠。自京城至寺三百里间，道路

唐彩绘象座塔式罐

车马，昼夜不绝"。当时，长安士女云集，人头攒动，吹螺击钹，鼓乐喧天，结彩楼，搭殿阁，载歌载舞，恣为嬉戏，人声鼎沸，热闹非凡。吸引了善男信女和喜欢凑热闹的百姓，许多商贩和卖艺者也纷纷从四面八方汇集到这里，交易货物，表演节目，这样就形成了颇具规模的庙会。

此外，长安寺院还流行俗讲。据《酉阳杂俎》载，长安平康坊菩提寺，"佛殿内槽东壁维摩变，舍利佛角而转睐。元和末，俗讲僧文淑装之，笔迹尽矣"。这里提到的文淑和尚，是唐代非常著名的一位俗讲僧人。文淑在当时的影响很大，他所宣讲的内容，假托佛教经论，而掺之以世俗故事。故事题材就是才子佳人、男女艳情、风尘妓女、商贾小贩之类，贴近百姓生活。正因为如此，他的讲唱才能得到世俗百姓的共鸣，"愚夫冶妇乐闻其说，听者填咽，寺舍瞻礼崇奉"。唐敬宗、武宗

都曾听过文淑和尚的俗讲。道士也有类似的讲唱活动，韩愈所写的《华山女》里写道："华山女儿家奉道，欲驱异教归仙灵。洗妆拭面着冠帔，白咽红颊长眉青。"华山女儿以靓丽的姿色和出众的讲唱，把寺庙里听讲经的观众都抢过来了，甚至还赢得了帝后的赏识。

长安寺院庙会戏场上还有"市人"讲小说，据《西阳杂俎》记载："予太和末，因弟生日观杂戏，有市人小说，呼'扁鹊'作'褊鹊'，字上声。予令座客任道升正之。市人

言：'二十年前，尝于上都斋会设此，有一秀才甚赏呼'扁'字与'褊'同声，云世人皆误。"这个记载是说，在唐时庙会上已经出现了"小说"这种说书形式，而这位"市人"是在庙会上表演的街头艺人，他误念"扁"为"褊"，还为自己的错误找借口。可见这种说书形式已经成为长安百姓庙会之上消遣娱乐的一种好方式。

敦煌 85 窟壁画中的僧人

楼前百戏竞争新

大唐盛世不仅有莺歌燕舞、庙会戏场，百戏更是一绝。百戏在唐代形式多样，空前绝后，当时的演出有山车旱船、走索、吞刀吐火、飞弹、戴竿、角抵、幻术等，一个赛一个惊险，让人叹为观止。李亢《独异志》记载了贞元年间一个身体残疾的乞丐，会击球、剑舞等多种百戏技艺，活跃于京城戏场长达 30 余年，靠自己的本事娶妻生子，并且每天能够吸引多达数千名的观众观看他的表演。这也从侧面反映了唐代民间百戏行业的兴盛。

◆ 叠罗汉和走绳

百戏在宫廷很受欢迎。《杜阳杂编》记载，唐敬宗很喜欢看杂技，有一次生日，他看了一位叫石火胡的杂技演员的精彩表演："石火胡养女五人，才八九岁。火胡立于十重朱画床子上，令诸女迭踏至半，手中皆执五彩小帜。俄而，手足齐举，……歌呼抑扬，若履平地。"这段记载让人看了惊心动魄，即使今天来看，也是十分了得的技术。石火胡一个弱

莫高窟壁画线描杂技迭踏

女子，能站在十层叠放的彩绘坐床上，5个八九岁的小姑娘迭踏上去（迭踏就如今天的叠罗汉，人踩人，高高地叠上去），手拿五彩小旗子，唱歌表演，如履平地。如此高超的技艺，博得了皇帝的奖赏。

《封氏闻见录》记载，唐玄宗千秋节庆典活动中有一个非常精彩的走索表演。走索，也就是走绳，非常惊险。当时，几十米的绳子高高地悬在上空，绷直似琴弦，鼓乐响起，艺人一个个从绳子两端踮起脚尖走上去，踏着节奏，飘飘忽忽，犹如仙人。他们有的在绳子中间相遇，错身而过，身姿轻盈；有的穿着木屐弯腰仰头，从容优雅；有的踩着五六尺的高跷走在绳上，如履平地；还有人和人摞起来三四层，翻跟头跳到绳上，稳稳站住，没有一个跌下来的，堪称奇观。

◆ 妇女也会玩相扑?

相扑,大家往往误以为是日本人的运动项目,其实,早在战国时期就已经被中国人玩嗨了。只不过那时秦国把"相扑"叫"角抵",也称"角力",发展到唐时,成为宫廷和民间共盛的百戏项目。据《文献通考》载:"角力戏,壮士裸袒相搏而角胜负。每群戏既毕,左右军雷大鼓而引之,岂亦古者习武而变欤!"这是一种由习武演变而来的杂技项目,两位壮士肉身相搏,场面十分激烈、撩人心弦。历代的皇帝大都喜欢观赏角抵的表演,隋时还专门设有角抵队。《角力记》记载了一个叫蒙万赢的宫廷角抵力士,从事角抵数十年之久。十四五岁闻名于长安城,后来历经唐僖宗、唐昭宗两任皇帝而不衰。他在历次的比赛中连连获胜,被人们称为蒙万赢,时间长了,真名都被人们淡忘了。蒙万赢功成名就后,积极传授角抵技艺,仅在长安一带,就有几百人跟他学习角抵。

更令人惊奇的是,大唐妇女中也有角抵高手。据《剧谈录》载,咸通年间,京城护卫军中有个叫作张季弘的,是个角抵高手,力气大且勇敢无比。他曾经路过胜业坊,一个赶着毛驴驮着柴火的人陷入了泥坑挡着他的道。他生气了,一把提起驴的四蹄,把驴扔出沟去。围观的人看到此情此景,个个都很害怕。后来,张季弘到襄州任职时,遇到一老妇人说自己新过门的儿媳不像话,求他帮忙教训教训她。哪曾想,这儿媳妇也是角抵高手,她申辩自己并未对婆婆无礼,每说一件事的时候,就伸出中指在张季弘坐的石头上比划,手指划过,石头上就留下了痕迹,有寸许深。张季弘一看,吓得汗顿时流了下来,哪敢再与她交手,只是尴尬地说,这媳妇道理不错,就关上门装

敦煌 290 窟壁画中角抵的场景

睡觉了，第二天一早就溜走了。

其实，角抵也不光靠蛮力。在《玉堂闲话》中，记载了一个文弱秀才瞬间摔倒了一个角抵高手的故事，他的窍门就在于掌握了这位高手的软肋，达到了四两拨千斤的效果。在敦煌藏经洞里，有一幅唐代角抵图。画中人物赤身裸背，光腿跳足，一人一手在前，一手在后，用弓步直取对方；另一人双臂弯曲，低俯身体，左右回旋，伺机反攻。两人上场不是立即拥抱在一起，而是找角度，看时机，踢、打、摔、拿等多种技术都使上了。

◆ 神奇莫测的幻术

幻术即魔术，俗称变戏法儿。唐代随着佛教、道教的兴盛，幻术也迎来大发展。在西域各国流行的宗教幻术也在长安出现，为盛唐首都增添了不少神秘的色彩。唐代幻术种类繁多，有吞刀吐火、鱼龙曼延、屠人截马、藏挟术、遁术等。

吞刀、吐火是汉代从西域流传过来的幻术表演，经过历代发展，唐时一度成为百戏的开场秀。唐李亢《独异志》记载："高祖时有西国胡僧，能口吐火以威胁众。"王棨《吞刀吐火赋》描写了来自天竺的演员表演吞刀吐火的惊险场面："俄而精钢充腹，炽烈交颐；罔有剖心之患，曾无烂额之疑。寂影灭以光沈，霜锋尽处，炯霞舒而血喷。朱焰生时，素刄兮倏去于手，红光兮遽腾其口。"这一段生动的描写让人看了胆战心惊，又不得不拍手叫好。

唐代有一个叫"燕奴"的戏法，据后唐冯贽《云仙散录》载："有术士于腕间出弹子二九，皆五色，叱令变化，即化双燕飞腾，名燕奴，又令变，即化二小剑交击。须臾，复为九，入腕中。"这是标准的魔术表演，表演者能够把腕间的五色弹丸变为一双燕子，还能变成两把小剑互相击斗，十分精彩。

　　藏挟术，就是以转移、藏掖等手法，使物品时隐时现，变有变无。唐蒋防的《幻戏志》里记载了有一个非常有名的藏挟术，电影《妖猫传》里也有这个场景：有个瓜农当场撒种子，浇水，立刻就发芽、长蔓、开花，瞬时结出一架子墨绿色的大西瓜。瓜农把瓜卖给众人，大家无不称奇。

　　此外，苏鹗在《杜阳杂编》中记载了当时的幻术艺人米宝，能在粗二寸、长尺许的蜡烛上，施五色光，燃亮后，能呈现楼、台、阁、殿的形状，尽夜不灭。在《酉阳杂俎》中，也记载了表演者使画的龟变活，画的枯枝开花的情景。这些都真实地反映了唐代艺人高超的幻术表演水平。

唐三彩袒腹胡人俑，历年考古发现的唐代胡人袒腹俑造型都粗犷怪异，有学者指出这些袒腹胡人是表演幻术的艺人，怪异的眼神、表情是表演时的艺术需要

长安的刺青

文身在如今很普遍，很能彰显个性，颇受年轻人喜爱。但是文身可不是现代产物，早在千年以前的大唐就很流行了，那时候叫作"刺青"，刺出了不少艺术色彩，在长安百姓的日常生活中影响深刻，甚至引发了社会的争议和朝廷的关注。

◆ 刺青怎么刺？

"文身"最早见于周代，《穀梁传·哀公十三年》载："吴，夷狄之国也，祝发文身。"那时，文身主要流行于周边少数民族地区，"越人习水，必镂身以避蛟龙之患"。越人需要经常下水，他们把身体文上蛟龙一样颜色的图案，就能避免一些危险。还有一说，文身最早起源于刑罚。上古五刑之一的

"墨刑"，又称"黥刑"，就是在犯人的脸上或额头上用刀刻出文字或图案，再染上墨炭，作为受刑人的标志。

到了唐代，文身还被称为刺青，不但流行地区广泛，而且手段各式各样，内容丰富多彩。这时长安街头有了许多刺青的专业店铺，他们在文身的制作手法上改进，出现了绘身、痂瘢、文刺三种工艺。绘身是用颜料在身上进行涂抹绘制，唐代妇人酒窝处喜欢点的面靥，便属此类。痂瘢是一种用锋利刀具刻或用铁烙身体某些部位，引起皮肤发炎，从而留下疤痕的方法。《酉阳杂俎》里记载了一个用痂瘢的方法文眉的故事。唐代宰相房琯的儿子娶了一个善妒的妻子崔氏，她从不允许身边婢女浓妆高髻。一天，崔氏看见一个新买来的婢女妆容精致，便大怒："你喜欢化妆是吧？我给你化！"于是，找人用刀刻她的眉毛，再用画眉的黛涂上颜色，然后用火烧。后来结痂了，痂掉了以后眉毛就文好了，以后这个婢女再也不用画眉了。

最普遍的文身方式是文刺。一般是用针等工具在皮肤上刺出图案，然后染以颜色，这种方式文身的内容也最为丰富。宋陶穀《清异录》里记载了唐时街头无赖的刺青："自唐末，无赖男子以札刺相高，或铺《辋川图》一本，或砌白乐天、罗隐二人诗百首，至有以平生所历郡县饮酒蒲博之事，所交妇女姓名、（年）齿、行第、坊巷、形貌之详，一一标表者，时人号为'针史'。""札刺"就是用针刺的意思。有人文诗、文图，还有人文自己的经历，还有人文交往女人的姓名，也是五花八门。

此时，文身在唐长安很流行，在长安的街头，刺青已经发展成一个专门的行业。《酉阳杂俎》载，不仅有"札工"，还有专门洗褪刺青的灸法。

◆ 诗歌大唐的花样刺青

唐代是个充满诗歌的时代，生活中处处都有诗歌的痕迹，街道上的百姓也能随口吟诗，连文身都有浓郁的诗歌情怀。很多人文身的内容就是自己喜欢的诗人的大作，一下子文得满身都是，甚是疯狂。这其中最为典型的是白居易的粉丝葛清。据《酉阳杂俎》载："自颈已下，遍刺白居易舍人诗，……凡刻三十余首，体无完肤。"并且诗间配画、画中藏诗，如他文了一句"不是此花偏爱菊"，句旁则刺一人持杯临菊丛。当时就有人戏称他为"白舍人行诗图"。白居易要是知道自己有这样疯狂的粉丝，应该是很高兴了。

疯狂喜爱当时诗人的还有蜀地少年韦少卿。据《酉阳杂俎》记载，这个韦少卿没有多少文化，就喜欢文身。他身上的文身挺别致："胸上刺一树，树梢集鸟数十。其下悬镜，镜鼻系索，有人止于侧牵之。"时人不解，韦少卿解释说自己的文身是诗人张说"挽镜寒鸦集"诗句的意境，其实，张说原句是"晚景寒鸦集"，韦少卿没文化，以为是"挽镜"，文出了个四不像来。

文宗时期，长安有一恶霸，名叫赵武建，他身上文身极多，共有一百余处，有番印、盘鹊等图案，左右胳膊还文上自己的人生格言诗："野鸭滩头宿，朝朝被鹊梢。忽惊飞入水，留命到今朝。"这亡命天涯的人生态度也是让人咋舌。高陵县（今属陕西）有个人叫宋元素，身上有刺青七十一处，右臂上

图为明代仇英的《辋川十景图》，《辋川图》是唐代诗人王维晚年归隐辋川（今西安市蓝田境内）蓝田别墅所作的田园山水主题壁画，"山谷幽盘，云水飞动，意出尘外，怪生笔端"，广受文人追捧。原作已无存，历代画家多有临摹，本图是仇英择辋川十景所作，青绿设色，穷工极艳，精丽超尘

文一个葫芦口长头的葫芦精。左臂曰："昔日已前家未贫，苦将钱物结交亲。如今失路寻知己，行尽关山无一人。"这个出身悲苦的宋元素应该没读过什么书，他的诗发自肺腑，表达了自己家道败落、身处困境无人关照的悲苦，诗句情感饱满，读来使人感慨，诗歌的朝代就是不一般呀！

◆ 刺青被恶霸玩坏了

唐代的文身玩到此时，已经是炉火纯青。有人文身美化自己，有人文身致敬偶像，有人文身表达人生态度，有人文身尽表辛酸。后来，文身慢慢被一些恶少、地痞、恶霸等好逸恶劳之徒搞变味了，他们凭借强力，用文身作为团伙标记，显示自己勇武以唬人，欺行霸市、横行乡里、为非作歹、鱼肉百姓。

这些恶棍特征明显：首先是都剃着光头。古人以孝为本，信奉"身体发肤，受之父母，不敢毁伤"的孝道，除了出家人和犯人之外，其他男人是不剃头的，剃头便是不孝，但是这些恶棍闲人，偏偏反其道而行之，这叫作"髡"。第二特征是"札青"，就是文身。文身的内容也是千奇百怪。这些人用蛇换酒，强抢财物，无恶不作。蜀市有一个人叫赵高，背上文着四大天王之一毗沙门天王，官吏因敬畏天王而不敢杖责赵高。文身反而成了他的保护伞，他在坊间胡作非为。还有一个恶霸

《唐密十二天像法相图》中的毗沙门天王，"毗沙门"为梵文译音，翻译为"多闻"，是佛教中北方世界的天王护法

叫张干，他住在大宁坊，双臂上刺了两句话，左胳膊上刺的是"生不怕京兆尹"，右胳膊上刺的是"死不畏阎罗王"，公然挑战官府，很是嚣张。

面对这些黑恶势力，政府并不会坐视不管。大和九年（835），杨虞卿担任长安京兆尹时，打击过那些文身的恶少头子。当时长安市面上有一个叫"三王子"的恶霸，力大无比，能扛动巨石。他浑身都是刺青，无恶不作，犯了许多次死罪了，都逃到军队里得以幸免。最后杨虞卿派五百人将其捕来，闭门杖杀。

会昌年间，作风过硬、为官刚直的薛元赏被任命为京兆尹。上任后，他迅速掀起了"扫黑除恶"风暴。第三天，就进行了一次集中打击行动，密捕了30多个首恶，审讯完毕后，命令身强力壮的衙役痛打首恶，公堂之上血肉横飞，惨叫连连。不一会儿，30多名恶霸全部被活活打死。随后薛元赏又将这些无恶不作的痞霸陈尸街头，以儆效尤。当然，"生不怕京兆尹，死不畏阎罗王"的张干也在此列。此等惩奸除恶的雷霆手段之后，恶霸们再也不敢招摇过市、欺男霸女了，至于其他跟风文身的人，也都被责令灸去。

曾作为艺术欣赏的唐代刺青，因为这些恶霸的走偏而遭到了禁止，此后一段时间，刺青在长安城绝迹，长安城的恶棍也消失了。

君家白碗胜霜雪

货财二百二十行

　　唐代是中国封建社会经济鼎盛的时期，长安商品荟萃，"货财二百二十行，四面立邸，四方珍奇，皆所积集"，琳琅满目的商品让人们的物质生活得到极大满足。据史料记载和考古发现，当时长安市场上的商品大致可分为粮食、纺织品、皮革、蔬菜水果、海鲜、肉品、日用品、生产用具、文化用品、丧葬用品等20多个种类。粮食有粟、米、小麦、大麦、粳米、大豆等；纺织品有绢、帛、绫、缯、罗、棉布、丝、绮、纱、缣、绸、麻布等；食品有胡饼、毕罗、蒸饼、粽子、煎饼、团子、馄饨等；衣物有白衫、布鞋、丝鞋、大衣、麻鞋、帽、皮带、皮衣等；蔬菜水果有韭、蒜、荠、萝卜、橘、柑子、枣、桃、梨等；日用品有盐、酱、醋、油、茶叶、柴、药、木炭、碗、盘、杯、盅、壶、瓶、瓷枕、灯、剪刀、铜镜、骨梳等；还有各种金器、银器、玉器及纸制品等。品种繁多，不可胜计。

这些商品在哪里可以买到呢？今天的大城市都有商贸聚集区，也就是CBD，唐代长安这座国际化大都市也有核心商贸区，那就是东市和西市。除此之外，里坊里开了很多知名的店铺：延寿坊里有金银珠宝店，宣阳坊有给丝绸染花的彩缬铺，丰邑坊有供应各种丧葬用品的店铺，永昌坊有茶肆，昌乐坊销梨花蜜，辅兴坊有胡麻饼店，平康坊有羌果摊，长兴坊有毕罗店。有些坊巷因为商品的热卖很有名气，靖恭坊一个制毡业的巷子被称为"毡曲"，"曲"就是指巷子。颁政坊以馄饨业出名的巷子，被命名为"馄饨曲"。

唐三彩载物骆驼俑

◆ 东西市，长安的"CBD"

东市与西市位于皇城南面的东西两侧，面朝东西向的交通干线，占据黄金地段。长安城的东大门春明门就在东市以东不远处，西大门金光门在西市西边不远处，这两座东西城门都通往城外各地，各地商人来长安经商贸易都会由此进入。就长安城整体来看，东市与西市所处的位置是比较适中的，不论是居住在城区北部的达官贵族，还是居住在城区南部的普通居民，他们去市场购物都比较方便。

作为长安的"CBD"，东市、西市规模到底有多大？据《增订唐两京城坊考》记载，东市占有两坊之地，有专家根据考古测算：东市南北长1000余米，东西宽924米，面积为0.92平方公里。东市围墙厚6—8米。据《长安志》记载，东市经营的商品门类有220行。据《入唐求法巡礼记》记载，唐武宗会昌三年（843）的一天，夜里三更东市失火，烧毁了曹门以西12行40多家，由此推算，东市的220行，店铺总数估计应有几百家，可以想象当时东市的繁荣景象。据《法苑珠林》记载，东市有笔行，还有赁驴人，有杂戏，有琵琶名手，有卖胡琴的，有卖锦绣彩帛的，有铁行、毕罗肆、酒肆、肉行、凶肆、药行、绢行、金银行，还有新兴的雕版印刷行。

西市规模也不小，盛唐以后，其繁荣超过了东市，被人们称为"金市"。根据考古发掘结果，西市南北长1031米，东西宽927米，面积0.96平方公里。据《两京新记》《法苑珠林》《太平广记》等史料记载，西市有名的店铺有衣肆、绢行、秤行、窦家店、张家楼饮食店、麸行、药行、卜者李老居、帛肆、法烛店、侯景先寄附铺、珠宝店等。一般唐朝的士大夫、贵族人家、外邦僧侣、番商都会来西市购物消遣。

据《朝野佥载》记载，唐代有一任西市丞叫魏伶，拿着国家的俸禄还不满足，投机取巧地用鸟挣钱。他养了一只红嘴鸟，极其灵巧，他训练鸟儿飞到众人中去讨钱，一次只选一人，仅索取一文。大家觉着好玩，一文钱也都不在乎，被选到就奉上一文，这鸟把钱衔在嘴里飞去送给魏伶，之后再飞来，另选一人乞钱，来来回回，一天竟然能拿到数百文。西市业主都知道是魏伶养的鸟，就称之为"魏丞鸟"。

◆ 秘色瓷器千峰翠

瓷器历史悠久，是古代人们生活中重要的生产生活工具，唐代陶瓷工艺将前人的陶瓷技术继承发展，陶瓷制品的产地遍布全国。众多产地中，唐以邢州（今河北邢台）的白瓷与越州（今浙江绍兴）的青瓷最受推崇。唐代邢州盛产白瓷，胎质细腻，釉色洁白。邢窑始于隋代，唐代为繁荣期。李肇《唐国史补》载："内丘白瓷瓯，端溪紫石砚，天下无贵贱通用之。"邢窑白瓷在当时深受人们喜爱，非常普及，远销世界各地。因其质量上乘，曾被朝廷纳为贡品。

越州青瓷是唐代青瓷的杰出代表，晚唐、五代时期的"秘色瓷"将越窑青瓷葱翠的釉色之美发挥到了极致。陆羽《茶经》中记载："碗，越州上，鼎州次，婺州次，岳州次。""茶圣"陆羽对茶碗的瓷质要求很高，在他

法门寺地宫出土的唐代秘色瓷器

看来，越州青瓷茶碗才是最上乘的。据考古发现，越瓷通体涂釉，呈豆绿色，晶莹细润，光泽鉴人，也称秘色瓷器，体现出极高的工艺水平。唐诗人陆龟蒙有《进越器》诗，予以称赞："九秋风露越窑开，夺得千峰翠色来。好向中宵盛沆瀣，共嵇中散斗遗杯。"

◆ 百炼难成江心镜

唐代盛行铜镜，主要是因为当时瓷器已取代铜，铜器衰落，青铜技术都集中到铜镜上，此外还因为当时铜镜作为礼品，广泛用于社会交往；另外，唐代铜镜制作技术大为提升，出现了花鸟镜、瑞花镜、人物故事镜、盘龙镜、对凤镜等多种款式，纹饰精美，寓意吉祥，所以人们也愿意买了收藏。

唐代铜镜在造型上已突破了汉式镜，出现了葵花镜、菱花镜、亚字形镜等造型。唐太宗破高昌城后，西域马乳葡萄传入长安，高宗时期出现了以葡萄为图案的瑞兽葡萄镜，大受欢迎。据徐殿魁《唐镜分期的考古学探讨》一文说，唐代新出现的工艺镜有金银平脱镜、螺钿镜、鎏金镜、铅花镜等，纹饰则有四神、十二生肖、瑞兽、铭文、花鸟、葡萄等。当时有一种非常著名的铜镜产自扬州，名为"江心镜"。据《太平广记·扬州贡》载："扬州旧贡江心镜，五月五日扬子江所铸也，或言无百炼者，六七十炼则止，易破难成，往往有鸣者。"江心镜易破难成，非常稀有，是贡品。扬州铜镜以铜、锡、铅合金制成，硬度和光洁度都较纯铜的更好，再经铅、汞等合剂进行表面抛光，品质上乘。在唐玄宗举办千秋节的时候，专门到扬州定制铜镜，并命名为"千秋镜"，作为活动的纪念品发给大臣，曾风行一时。他还写过《千秋节赐群臣镜》一诗："铸得千秋镜，光生百炼金。分将赐群后，遇象见清心。台上冰华澈，窗中月影临。更衔长绶带，留意感人深。"

唐螺钿镜

杜甫的炉炭

长安作为大唐的京城，人口一度达到百万之众。人们日常生活中有一样基础的消费品——炭，值得一提。唐朝还没有天然气，人们都是烧柴做饭，烧炭取暖，长安这个百万之众的大都市的柴炭用量可想而知。当然，达官贵族和百姓的用炭差别是显而易见的，大诗人杜甫的遭遇似乎能说明问题。

◆ 战哭取暖难

唐天宝十四载（755），安禄山反叛，后来长安被攻陷，玄宗逃往四川避难。此时，杜甫只是右卫率府兵曹参军，京城被攻陷后，他举家避难。次年，至德元载（756）肃宗在灵武（今宁夏回族自治区灵武市）继位，杜甫闻讯只身奔赴灵武，不幸半路被叛军抓回了长安，人身自由受到限制。

元赵孟頫《杜甫像》，画中杜甫衣着简朴，颇有愁容

到了冬天，杜甫还是被困在长安城内，大雪飘飞的时节，被困了这么长时间的杜甫早已囊中羞涩，葫芦里的酒也见底，更买不起炉炭。杜甫夜不能寐，守着早就没有火但余烬尚存的炉子，静静地思考着。尽管自身处境艰难，杜甫却更关心国家时局，更关心百姓安危，写下了千古名诗《对雪》："战哭多新鬼，愁吟独老翁。乱云低薄暮，急雪舞回风。瓢弃樽无绿，炉存火似红。数州消息断，愁坐正书空。"落魄艰难的杜甫因为他官员的身份尚能得到炉火的余温，战火纷飞的年代，长安的百姓恐怕更是难挨。"诗圣"杜甫的爱国爱民情怀绝非一般人所能比，冰冷的炉子映照出他火热的心。

◆ **深屋喜炉温**

杜甫的炉炭用完了，他肯定要想办法去买。大家或许会好奇，在一千多年前的大唐，长安老百姓都买些什么来取暖做饭呢？从哪里购买的呢？

那时，长安的冬季生活燃料无非是木柴、木炭、煤炭和焦炭四个种类。长安人口众多，柴薪需求很大。当时，人们还没有环境保护意识，为了生存，每年秋冬农闲的时节，农民们便进山砍柴，运入京城卖了，以换点米钱。有了这些柴薪贩卖者，长安的普通百姓就可以从东市和西市买到生活所需的木柴。除了普通百姓贩卖的柴薪，朝廷又在岐州、陇州等距离京畿稍远的地区采伐柴薪。京畿附近（今西安鄠邑区、周至县，宝鸡眉县等地）还设立有专门的官署，从而确保长安的柴薪供应。可见，燃料供应是大事，冬季取暖是重中之重，唐朝廷对此非常重视。

百姓用薪柴，可自己去采伐，也可以去市场购买，不过价格自然就听任市场的调控。而皇帝和官员所用燃料则有专门机构负责供应，唐代专门负责京城薪炭供销的机构是司农寺下属的钩盾署，下设令二人、承四人，以及府、史、监事和掌固等多名吏员。当长安城薪炭供应不足时，朝廷又会特别设置"木炭使"以加强薪炭的供应，木炭使常常由政府高官兼任。据文献记载，木炭使最早设立于唐玄宗时期，掌管宫内的薪炭供应，常以京兆尹兼充。据《唐会要》载："天宝五载九月，侍御史杨钊充木炭使。永泰元年闰十月，京兆尹黎干充木炭使，自后京兆尹常带使，至大历五年停。贞元十一年八月，户部侍郎裴延龄，充京西木炭采造使，十二年九月停。"

除了木柴，木炭也是唐都城长安居民的主要燃料。大诗人白居易有诗写道："瓶中有酒炉有炭，瓮中有饭庖有薪。"这里的炭则是木炭。当时的木炭烧造场所主要是长安附近的南山，这一带的农民多被编为炭户，成为专业的烧炭人，所烧炭供应长安。白居易的《卖炭翁》一诗有"卖炭翁，伐薪烧炭南山中"，正是这段历史的真实反映。

初唐诗人宋之问在宫城的秘书省值班时曾作《冬夜寓直麟阁》一诗，中有"直事披三省，重关闭七门。广庭怜雪净，深屋喜炉温"的诗句，可见宫廷里也是靠木炭烧炉子取暖的。

由于长安城薪炭的需求量太大，为了解决薪炭缺乏的难题，唐代宗永泰二年（766）九月，木炭使黎幹曾建议朝廷开漕渠从南山向长安调运薪炭，渠阔八尺，深一丈，渠成以后，代宗还亲自查看过。值得一提的是，在薪炭供应紧张时期，钩盾署曾经限制过京城官员的薪炭用量："凡京官应给炭，五品已上日二斤。蕃客在馆，第一等人日三斤，已下各有差。其和市木橦一十六万根，每岁纳寺；如用不足，以苑内蒿根柴兼之。"

除了政府置办以外，西市里有专门制造、贩卖木炭的商店，还有许多炭商将炭放在牛车或驴车里，或者直接背在背上走街串巷地叫卖。冬日木炭的价格随着气温波动，天气越冷，价格就越高。木炭昂贵之时，并非人人都有能力购买，一生穷困的孟郊之所以得到"郊寒"的称号，除了诗风孤峭以外，也因为他无钱购买取暖物资，经常在冬日写诗叹寒。孟郊曾写过一首《答友人赠炭》感谢朋友在冬日为自己送来木炭取暖，他写道："青山白屋有仁人，赠炭价重双乌银。驱却坐上千重寒，烧出炉中一片春。吹霞弄日光不定，暖得曲身成直身。"雪中送炭的感恩之情跃然纸上。

◆ 长安分石炭

与此同时，煤炭也进入了大都市长安，成为一些人家的炉中燃料。中国发现和认识煤最早可以追溯到汉代，那时炼铁就用煤作燃料了。到了南北朝时，煤的使用范围、程度不断扩大。日本僧人圆仁法师于唐开成五年（840）前往长安的途中，看到太原附近州县的民众都用煤烧火煮饭。但是，受到当时开采技术的限制，煤炭的产量很低，能够进入长安的煤炭不是很多，甚至成了权贵的专享物品，唐代诗人李峤的诗句"长安分石炭",就是佐证。

长安还有一种更高级的燃料,就是我们今天所说所用的焦炭。据《开元天宝遗事》载:"西凉国进炭百条,各长尺余。其炭青色,坚硬如铁,名之曰'瑞炭'。烧于炉中无焰而有光。每条可烧十日,其热气逼人而不可近也。"显然,这里记载的"瑞炭",无论从外形还是耐燃程度来看,应该就是今天的焦炭,可见当时西凉国已经具备了制作焦炭的能力,这种稀有的炭种自然也就成了进贡的好东西。从记载来看,一条这种长尺余的炭竟能连烧十日,而且热量高,没有烟,可见其质量之上乘,就是今天看来也是十分稀有的。受到进贡焦炭的启发,大唐也有了焦炭的雏形,唐康骈《剧谈录》载,唐乾符年间(874—879),洛中有豪贵子弟,承借勋荫,锦衣玉食,极口腹之欲,曰:"凡以炭炊馔,先烧令熟,谓之炼火,方可入爨,不然犹有烟气。"这里记载的"炼火",就是烧制焦炭的过程。

除了以上原料高级的炭火,还有很多奢侈品炭火出现。当时曾当过宰相的元稹写过一组吟咏二十四节气的诗,其中《大寒》一首写道:"腊酒自盈樽,金炉兽炭温。大寒宜近火,无事莫开门。"其中"金炉兽炭"说的就是铜暖炉和制成兽形的木炭。这种做成兽形的炭因为造型华丽,比普通炭火贵很多,常被贵族拿来温酒,围着兽炭金炉喝酒,别有一番韵味。诗人李中也曾作《腊中作》"豪家应不觉,兽炭满炉红",描绘这种豪门贵族的奢侈兽炭。

穷困潦倒的杜甫,只在京城做了个小官,炉火都续不上,想来也是与这些奢侈的燃料无缘的。能用木柴甚至木炭来填炉膛,已经不错了,这也许正是长安普通百姓日常过冬取暖的真实写照吧!

独家揭秘: "凤炭"是什么炭?

兽炭已经蛮奢侈的，更有甚者，还有人用蜂蜜作为黏合剂，把炭屑搅拌捏塑成双凤造型，美其名曰"凤炭"，不仅耐烧而且美观。据五代王仁裕的《开元天宝遗事》载："杨国忠家以炭屑用蜜捏塑成双凤。至冬月则燃于炉中，及先以白檀木铺于炉底，余灰不可参杂也。"蜂蜜就不是多便宜的食品，烧火的炭里掺蜂蜜，那一个冬天烧下来需要多少蜂蜜呀！这实在是奢靡过头了。

柳宗元买药

在唐长安百姓的日常生活中，求医问药也是民生大事。长安街头开药铺行医的人很多，医生行医水平参差不齐，药物质量也高低有别，还有行骗卖假药的。经营药行、药肆、药市的商贩，大都是分布在东、西两市。据日本圆仁《入唐求法巡礼行记》记载，会昌三年（843）六月二十七日，"夜三更，（长安）东市失火，烧东市曹门已西十二行四十余家，官私钱物、金银绢药等总烧尽"。这次被火烧掉的药行、药肆有很多，药商损失是很大的。圆仁还提到了唐皇帝曾安排人到东西市寻觅合适的药材，"（会昌五年）敕令道士飞练仙丹。……道士奏药名目：'李子衣十斤，桃毛十斤，生鸡膜十斤，龟毛十斤，兔角十斤'等。敕令于市药行觅，尽称无"。这是皇帝亲自下令到长安的药行寻觅药材炼仙丹，炼丹的药材太奇特，东西市也买不到。

◆ **长安的药肆**

当时长安的药肆经营的药材品种不少，大多数药肆经营的是生药，患者拿着医生开的药方去配药，回家自己根据医嘱煎煮服用。这样看病比今日去医院可复杂多了，先要找医生，然后还要买药，还要煎煮得当，颇费精力。有的药肆就直接经营中成药，把药熬好了，患者也省事。在《太平广记·田令孜》中记载了西市一个神奇的药铺："长安完盛日，有一家于西市卖饮子。用寻常之药，不过数味，亦不闲方脉，无问是何疾苦，百文售一服。千种之疾，入口而愈。常于宽宅中，置大锅镬，日夜锉研煎煮，给之不暇。人无远近，皆来取之，门市骈罗，喧阗京国。至有赍金守门，五七日间，未获给付者，获利甚极。"这家药店，就是卖秘制的煎好的药饮，竟然不用问诊，患者无论何病都可以服用治愈，也是奇事一件。

长安药肆的药材从产地而言，主要分为国产和进口。国产的药材占多数，据记载，唐时已经有专门种植药材的药农。在唐代农学著作《四时纂要》一书中，就列举了很多中药的栽培技术，也有很多药方。书中就载有栽种薯蓣、地黄、红花、黄菁（黄精）等中药的方法："二月，择取叶相对生者是真黄精。擘长二寸许，稀种之，一年后，甚稠。种子亦得。其叶甚美，入菜用。其根堪为煎。"

药农收获药材后主要卖给长安的药肆，以获得收入，来维持生活及缴纳赋税。除了人工栽种的中药以外，还有《宋清传》中所说的"有自山泽来者"，他们是从山川河湖而来采摘野生草药的采药人。在《旧唐书》也有平民入山采药的记载，"豫州人许坦，年十岁余，父入山采药。为猛兽所噬，即号叫以杖击之，兽遂奔走，父以得全"。

长安也有专门经营进口药材的药肆。据《唐大和上东征传》一书记载，八世纪中期广州进口外国药材的盛况空前，"江中有婆罗门、波斯、昆仑等舶，不知其数，并载香药、珍宝，积载如山"。这些从广州进口的珍稀药材沿途贩运，运送到京城长安的药肆。当时高彦休在《唐阙史》中写道，"以是夷估辐凑，至于长安，宝货药肆，咸丰衍于南方之物"，他是说，长安有些药材和货物，是来自南方广州进口的。这个记载，比较真实地反映了长安药肆经营外国药材的事实。

◆ 柳宗元买到假药

药铺固然很多，但大多数患者是不了解医药基本知识的，这就给很多行骗的商贩机会，赚黑心钱。大文学家柳宗元在长安做官时，就有过这样被骗的经历。有一天，他突然患病，腹部胀闷不舒，心慌。医生诊断后开了中药伏神（也就是茯苓），让他回家买药煮汤服下。柳宗元在一个药店买了药，回家煎煮好服下。病情不但没有减轻，反而加重了。柳宗元让人把医生喊来质问原因。医生看了一下药渣说："您煮的是芋头，不是中药伏神，一定是卖药的人为了赚钱用假的来欺骗您。"

柳宗元这个气呀！一般人也就自认倒霉了，顶多找到卖药人讨个说法。但柳宗元却想到不能让更多的人再上当受骗了，于是他拿出自己的专长，撰写了一篇《辨伏神文》，文中写明了伏神的功效，以帮助百姓辨别伏神真伪，并将自己上当受骗的经过如实写出来警醒大家。他在文中写道："今无以追夸，后慎观之。呜呼！物固多伪兮，知者盖寡。考之不良兮，求福得祸。书而为词兮，愿窬来者。"

张籍在长安为官的时期，也有过买药的心酸史，所以对一些药商胡乱收费的行为很是憎恨，他曾写过《赠任道人》诗："长安多病无生计，药铺医人乱索钱。欲得定知身上事，凭君为算小行年。"张籍在贞元十五年（799）进士及第，然而直到6年后才调补为太常寺太祝（正九品），太祝一做就是10年。官卑禄少的张籍久病缠身，被时人称作"穷瞎张太祝"，他经常寻医问药，就碰见过黑心的药铺胡乱开价，还要给他算流年运势乱收费。

◆ 人有义声，卖药宋清

正因为柳宗元有了这样被骗的经历，所以他对那些诚信经营的药店特别推崇。宋清是长安一家药肆的老板，他因常年诚信经营备受好评。他在药店储藏的都是好的药材，许多药农知道宋清的为人，他们从山地、湖河等地采来制好的中药材，一定要送到宋清的药肆让他去卖，宋清也不亏待这些药农，都是按高价收购。同样，长安的医生都喜欢用宋清药肆的药来配药方，因为治病效果很好。宋清这里更有一些治疗各种疮病的特效药，长安的人们一旦生了各种疮病，都慕名到宋清开的药店买药，往往能很快奏效。平时，宋清总是很热情地接待每一位客人，有的病人缺钱或是忘了带钱，宋清也会把药先赊给他们。宋清家里积攒了很多欠条，却从来没有上门去索取过药钱。有些素不相识、从很远地方来的人，他照样给打欠条，同样把药先给那人拿走。每到年末的时候，宋清估计有些人的账是没法还上了，就把欠条给烧掉了，当这事没发生一样。其他的商人

南宋《卖眼药图》，图中游方郎中正在街头售卖眼药

都对宋清的举动很费解，就嘲讽他："宋清是个蠢人。"当然也有人说："宋清大概是那种具有高尚道德的人吧！"宋清听过了这些议论，坦然地说："我经商赚钱养活妻子儿女，道德高尚还谈不上，但要说我是蠢人，也是不对的。"

就这样，宋清在长安卖药四十年，先后有一百多人的欠条被烧掉，赊账的有后来做大官的，有管辖州郡的，有了丰厚的俸禄，他们派人给宋清送钱送物，宋清家的门槛都快被踏破了。赊欠宋清药钱至死没还的约有上千人，但是宋清照样成了一个富翁。

对于宋清不卖假药、救济贫困的模范做法，柳宗元很是感慨："清居市不为市之道，然而居朝廷、居官府、居庠塾乡党以士大夫自名者，反争为之不已，悲夫，然则清非独异于市人也。"所以，尽管柳宗元后来从京城被贬到几千里外的永州，他仍然念念不忘京城长安这位叫宋清的模范药商，专门为他写了传记《宋清传》，以弘扬宋清这种优良作风。宋清的事迹，在《唐国史补》里也有记载："宋清卖药于长安西市，朝官出入移贬，清辄卖药迎送之。贫士请药，常多折券。人有急难，倾财救之。岁计所入，利亦百倍。长安言：'人有义声，卖药宋清。'"

商

银鞍白马度春风，

假冒伪劣杖六十

　　稳定的政治社会环境，给商业的发展提供了有利条件。唐长安的商业活跃，生活物资供应富足，这得益于商业的大发展与严格的市场管理机制。唐代，在县治以上的地方才允许设置市场，《唐会要》载："景龙元年十一月敕：诸非州县之所，不得置市。"在京城长安，东市与西市规模庞大，是最重要的工商业市场，市场内店铺毗连，商贾众多，贸易极为繁盛，物质极大丰富。

　　唐朝廷对长安市场实行严格的管理，在太府寺之下，东、西市中分别设立了市署与平准署等市场管理机构，并制定了相关法律法规，在《唐律疏议》和管理市场的法令《关市令》中都有对市场交易方面的明确规定。

◆ 严格规范的市场管理

严打假冒伪劣。长安诚信经营的店铺居多，因为假冒伪劣风险太大。唐律规定："诸造器用之物及绢布之属，有行滥、短狭而卖者，各杖六十。"（唐代的五刑是"笞""杖""徒""流""死"，"笞"是用板子打，"杖"是用棒打，"徒"是坐牢，"流"为流放，"死"就是处死）对于假冒伪劣的制造商，处以杖刑，用棒子打六十下。中间商出售假冒伪劣商品，按营利多少，以盗窃罪论处。对于食品质量管理更是严格：出售过期食品，如对顾客造成伤害，商家坐牢一年；如致人死亡，则被处以死刑。这样一来，唐代的食品安全还是能信得过的。

假冒伪劣的商品要没入官府，"诸以伪滥之物交易者，没官"；对"市及州县官司知情"者，按同罪论处；即使是不知情，也要按知情减二等，"笞四十"；贪赃枉法者另论。

杜绝缺斤少两。唐代《关市令》规定："短狭不中量者，还主。"缺斤短两的，或补齐或退货，要是不按法律来，就棒打六十下。市场上的度量器具每年都要检查："诸官私斗尺秤度，每年八月，诣金部、太府寺平校。"对于私造斛斗秤度的打五十大板，缺斤少两挣的钱，按盗窃罪处治。

三天无条件退货。如立有合约，买了东西三天内发现问题，可以无条件退货，不给退的可以向官府报案，官方核实后，会按律强令卖方退货，并给予销售者打四十大板的惩处。

物价必须合理。长安市场的物价由市司统一管理评定，唐律对哄抬物价、欺行霸市等行为，予以严厉打击："诸市司平物价不平者，计所贵贱，坐赃论；入己者，以盗论。"负责评定物价的市司官吏，如物价评定不公，按贪污或盗窃罪处理。

"诸卖买不和，而较固取者，及更出开闭，共限一价；参市，而规自入者，杖八十。"这个记载是说，当时禁止强买强卖，垄断价格，或找人扰乱议价，抢夺别人生意，否则给予打八十大棒的处罚。

特殊交易立券为证。唐代对于市场交易中特殊商品的买卖，依法立券，"凡卖买奴婢、牛马，用本司、本部公验以立券"。若已成交，却没有到主管部门立券，对买者，则"过三日笞三十"；卖者，"减一等"。立券后三日内，买卖双方可以反悔。三天后无故反悔的，打四十大板。如官员不及时立券，"一日笞三十，一日加一等，罪止杖一百"。

敦煌 85 窟壁画上的唐代马厩

◆ 唐代的银行——柜坊

柜坊是唐代专营货币存放和借贷的商业机构，是我国最早的银行雏形，在玄宗开元初年（713）已经出现，唐中后期逐步形成规模。

唐代的铜钱很重，每贯约6.4斤，开元钱则有七八斤，柜坊的出现解决了商人携带资金的难题。商人会将采购货物的铜钱预存在柜坊，买卖成交后，再到柜坊提取现金。据《广异记》载，开元初，有个叫三卫的人来到长安卖绢，"后数日，有白马丈夫来买，直还二万，不复踌躇，其钱先已锁在西市"。《乾膜子》也载，长安富商窦乂常把钱存放在西市柜坊。而柜坊接收存钱，商人凭一定信物取回存款，付一定的柜租，也就是利息，柜坊也得到了收入。

柜坊还经营贷款业务，当时还有人为了买官到柜坊贷款。唐乾符二年（875），唐僖宗发布的《南郊赦文》记载了这个现象："自今以后，如有人入钱买官，纳银求职，败露之后，言告之初，取与同罪，……其柜坊人户，明知事情，不来陈告，所有物业，并不纳官，严加惩断，决流边远，庶绝此类。"如果柜坊放贷用于买官，坊主要被没收财产，流放边远地区。

◆ 唐代的当铺——质库

在商业发达的长安，商人对流通资金的需求不断加大。所以长安的典当机构——质库，也就应运而生。"典当"是指以抵押财物来换取有息的借贷，也就是今天的银行抵押贷款业务。大诗人杜甫科举落第时，在长安的日子过得很不宽裕，常常就靠抵押衣物贷款过日子，他有诗写道："朝回日日典春衣，每日江头尽醉归。酒债寻常行处有，人生七十古来稀。"

据载，元和初年，左神策军将领李昱曾"假贷长安富人钱八千贯，满三岁不偿"，这里记载的是私人经营的定期贷款，期限为三年，而且贷款数额还很大。长安城中开设质库的往往是那些资财雄厚的富商大贾，其中既有汉族商人，也有不少胡商。由于开质库往往获利丰厚，除商人外，一些贵族、官僚、士大夫甚至皇室成员也纷纷加入，《旧唐书》记载，太平公主就开有质库。

贷款获利非常可观，国家为了禁止高利贷，对贷款利率有明文规定。唐玄宗开元年间制定的《户部格》规定："天下私举质，宜四分收利，官本五分生利。"《唐六典》也规定："凡质举之利，收子不得逾五分，出息债过其倍。若回利充本，官不理。""举"是指一般的借款，而"质"则是指质库借款。开元二十五年（737）规定："诸公私以财物出举者，任依私契，官不为理。每月取利不得过六分，积日虽多，不得过一倍。"就是说，即使贷款期限再长，利率也不得超过百分之百。武周长安元年（701）规定："负债出举，不得回利作本，并法外生利，仍令州县严加禁断。"所谓回利作本，就是俗话说的"利滚利"，这在唐朝是严禁的。

质库作为一种金融借贷机构，借贷时需要有一定价值的物品作为抵押，然后才能从质库借到现钱。当时，借贷者所用的抵押品什么都有，有衣服、家具、丝绸、金银首饰、珠宝、契约、房产、田产等。这种借款实际上是一种定期、有息的抵押贷款。期限大致可分为一个月、三个月、半年、一年，期限长的可达二年不等。借款到期后，债务人应及时归还借款并交纳利息，然后就可以赎回自己的抵押品。到期后，债务人无力还清借款和利息，质库有权变卖债务人的抵押品。

◆ "飞钱"是什么钱？

中唐以后，随着商品交换的日益活跃，就出现了最早的汇兑业务（把现款汇给异地收款人的业务），当时汇兑的形式，被称为"飞钱"或"便换"。

根据史料记载，飞钱最早出现在唐宪宗元和元年（806）的长安。据《新唐书·食货志》记载："商贾至京师，委钱诸道进奏院及诸军、诸使富家。以轻装趋四方，合券乃取之，号'飞钱'。"当时存在着诸道进奏院及诸军、诸使的国家汇兑机构，也存在富商等私人汇兑机构办理"飞钱"业务。中唐以后，各道和各府、州地方政府都在京城长安设立驻京办事处，称为"进奏院"，专门负责当地政府与京城的各种联络。此外，唐政府还设有各种负责财政经济的专门使职，有水陆转运使、诸道转运使、盐铁使等，在全国各地设有此类使职的办事机构，这样一来，就形成了四通八达的全国网络。于是，商人将沉重的现钱交给诸道进奏院或诸军、诸使等机构，并领取一张文牒，就可以轻装到外地去从事经商贸易。商人到达目的地后，凭文牒到当地这些机构领取现钱，在当地采购货物。商人经商不需再携带巨额现款了，地方政府也不用再向长安运送现钱了，既安全又方便，所以还被称为"便换"。

其实，当时飞钱的产生，与茶商的经营活动是有着极大关系的。唐代茶叶都产在南方，但北方对茶叶的需求量非常大，尤其是长安。为此，长安商人纷纷南下采购茶叶，而南方的茶商也纷纷北上长安等地，将茶叶源源不断地贩运到长安及其他北方地区。这样，长安等北方地区的商人就需要运送大量的现钱去南方，南方茶商在长安出售茶叶后，也需要把大量的现钱

运回家乡。而当时商人进行长途贩运时，交易额往往达到成千上万贯的规模，要想运送这么大量的现钱很是困难，安全隐患也大。因此，商人开展远距离大宗贸易很是困难。所以，飞钱的产生，无疑受到了广大茶商的欢迎，这也进一步促进了长安乃至全国商业流通的发展。

唐阎立本所绘《萧翼赚兰亭图》，图中左侧人正以风炉煎茶，唐代煎茶是把茶粉末放入锅里烧开，有时还要放大葱、生姜、盐等调味

长安商人的生意经

国际大都市长安不仅有着世界一流的经商环境，更拥有百万人口，带来了无限的商机，自然吸引了众多商人的青睐。然而，商贾云集自然就会出现激烈的竞争，如何能让自己一展商业才华，在众商贾中脱颖而出，商人们需要有过人的经商头脑和一套独有的生意经。

◆ 不毛之地照生金

裴明礼是一个很有经营眼光的商人，他的发家故事在当时家喻户晓。当时，在金光门外有一块荒地，尽是瓦砾，不长庄稼，因此无人问津。裴明礼却把它买了下来，在地头竖一木杆，上悬一筐，让人捡地里的石头瓦砾往筐里投掷，投中的人奖励

唐开元通宝钱币

金钱。大家觉得有意思，许多人来尝试。上千个投掷的人，仅有一二人投中，还没等这些人投掷熟练，地里的瓦砾已经捡拾干净了。瓦砾拾干净了，土地生出野草，裴明礼又免费让人来这里放牧。不久，地里就积满了牛羊粪。接着，裴明礼犁地，把自己平时捡的各种果核撒在地里。土地肥沃，结的果子又大又甜。裴明礼一车一车地采下果子载到集市上去卖，赚到了很多钱。后来，裴明礼又在这块土地上栽蜀葵，在院子的周围安置蜂箱。蜜蜂采花酿蜜的同时给蜀葵授了粉，蜀葵与蜂蜜都获得了丰收。在一步一步地经营下，裴明礼积攒了万贯家财。

◆ 除粪夫，黄金屋

在《太平广记》里，记载了一位叫罗会的长安富翁，他竟然是靠清除粪便为业起家致富的，街坊邻里都称他为"除粪夫"。其实，罗会家世代都以清除粪便为业，家中靠此积财千万。一次，罗会邀请一个叫陆景阳的知识分子，到他家住宿。陆景阳看到罗会家的房屋建造装修得特别豪华富丽，家人穿着极其艳丽；屏风、毡褥等一应陈设，应有尽有。陆景阳问罗会："罗先生日子过得这样富裕安乐，为什么还继续从事清除粪便这种肮脏污秽的工作？"罗会说："我中间曾停工不干了有一二年。怎奈一不干清除粪便这行当，家中奴婢仆夫死去，牛马逃散丢失，眼瞅着家业就要败落。后来，恢复这一行当后，家道才逐渐恢复过来。不是我情愿干这除粪的行当啊！"

◆ 白手起家的"扶风小儿"

长安还有一位传奇巨富窦乂，是扶风人，他家亲戚是国戚，他却并不立志功名，他的偶像是儒商鼻祖、孔子的弟子子贡，志在继承"端木遗风"。十三岁那年，窦乂在安州做官的亲戚送给甥侄们十车当地丝鞋。大家争着挑，只有窦乂不抢，剩下的一车鞋子很大没人要，他拿来卖掉，买了两把小铁铲，从此，走上了他的发家之路。

五月初，榆钱黄熟，满城飞落。窦乂扫出十余斗，找伯父借一个庙院说用来学习，进去以后却挖沟种起了榆钱树。第一

唐三彩钱柜

年长出一千多棵小树苗，他把树枝苗壮粗直的留下，其他的伐了当柴卖了。第二年树苗三尺多高，他还是精挑细选留下好苗，其余卖了。如此这样，第五年的时候，剩下的树苗已成材，可以用来盖房屋的椽材有一千多根，可以用来造车的木料有一千多根，一共卖了三四万钱。

一个十三岁的孩子能够用亲戚送的礼物买工具，能够用正当的理由找亲戚借到地，能够花五年时间辛苦种树，并成功积累了自己人生的"第一桶金"，这着实让世人不容小觑，大家称他"扶风小儿"。有了原始积累，窦乂又有了更多想法。他细心观察生活细节，收集旧麻鞋、槐树籽、碎瓦片、油靛制造出了比柴薪耐燃一倍的"法烛"，在雨季柴薪涨价的时候获得巨利。除了创意惊人，他降低成本着实有一套。他大规模的生产原料都是超低价收购的：麻鞋是以旧换新，三双旧鞋换一双新鞋换来的；槐树籽则是让小孩捡拾来的，工价一天一人三张饼、十五文钱而已。窦乂极擅长"变废为宝"，他后来低价购买了西市的洼地垃圾场，开发成了一个儿童投掷游乐场，孩子投石头砸坑边的小旗，投中了就发团子、煎饼吃。等坑填平了，游乐场便改建为二十间商铺收租，这片商铺就是唐代鼎鼎大名的"窦家店"。

就这样，窦乂成了长安城里首屈一指、富有传奇色彩的"CBD"富豪。

◆ **挽歌一曲定丧肆**

长安作为国际化大都市，容纳了天南海北、三教九流各色人等，因此丧葬习俗也多种多样，催生了丧葬用品店铺——丧肆的崛起。长安的东市、西市都有丧肆，在日常经营中竞争激烈。人们不会没事去丧肆逛，所以东丧肆、西丧肆为了打响品牌，经常举办"丧仪大赛"，给自己做宣传。据《太平广记·李娃传》载："东肆车舆皆奇丽，殆不敌，唯哀挽劣焉。"就是说，有一段时间，东丧肆的车舆等丧葬用品比西丧肆的强，但挽歌唱得不如西丧肆好。

一次，东丧肆长与西丧肆长又商量在天门街举行丧仪比赛，还确定了比赛内容、方式和赌注，约定输者要给对方五万钱。两个铺子从早晨开始布置现场，东丧肆依次摆出了纸辇、车舆、纸制仪仗等，华丽多样。西丧肆自知比不过，就在南墙角搭了个台子，让自己的头牌挽歌手登台，唱了一支《白马》，歌声哀恸感人，观众无不动容。这时，东丧肆也在北墙角搭了个台子，一位名不见经传的少年登场，他头戴黑孝巾，一脸哀婉地徐徐唱起《薤露》，歌声清越，响震林木。悲痛的感情随着歌声涌来，让人心潮动荡，一曲未完，在场的人都被深深地感动，有的甚至捂住脸哭起来。西丧肆长听完大吃一惊，不知道东丧肆有如此高手，自知输了，暗地把五万钱放在东丧肆的台上，溜走了。

这个少年叫郑生，原是刺史的儿子，本来长安参加科考，因迷恋风尘女子流落西丧肆。郑生对命运的波折有了深刻的感悟，展现出非凡的唱挽歌天赋，后被东丧肆长挖掘出山，成了打败西丧肆的秘密武器。

◆ 一金一篇元白诗

大唐首都长安，不仅是经济中心，也是文化中心，是诗人作家聚集的地方，不少人在诗文中寻得商机。大诗人元稹与白居易曾同在长安做官，二人情谊深厚，经常以诗文相互赠答，他们诗文风格相近，自成一派。后来，元稹被贬到江陵的时候，白居易仍在翰林院，他们千里迢迢继续唱和。当时，巴、蜀、江、楚间在长安城漂泊的少年，纷纷模仿他们的诗作，还加入了自己创造的新辞，自称为“元和诗”。白居易的《秦中吟》《贺雨》讽谕闲适等诗篇，有的写在观寺、邮驿墙壁上，当时很少有人能知道。这些少年纷纷缮写模勒，在长安市场上叫卖换钱，有的甚至拿来换酒换茶喝。还有鸡林国商人重金求购元白的诗，说是本国宰相愿一金换一篇。

文集卷第三　大原白居易
新樂府　諷諭三　雜言　凡二十首
序曰七德舞美撥亂陳王業也法曲美
列聖正華聲也二王後明祖宗之意也
海漫漫戒求仙也立部伎刺雅樂之替
也華原磬刺樂工非其人也上陽白髮人
愍怨曠也胡旋女戒近習也新豐折臂
翁戒邊功也大行路借夫婦以諷君臣
不終也司天臺引古以儆今也捕蝗刺長
吏也昆明春水滿思王澤廣被也城鹽州
美聖謨而誚邊將也道州民美賢臣遇
明主也馴犀感為政之難終也五絃彈惡
鄭之奪雅也蠻子朝刺將驕而相備位也
驃國樂欲王化先近後遠也縛戎人達
窮人之情也驪宮高美天子重惜人之
財力也百煉鏡辨皇王鑒也青石激忠烈
也兩朱閣刺佛寺寖多也西涼伎刺封

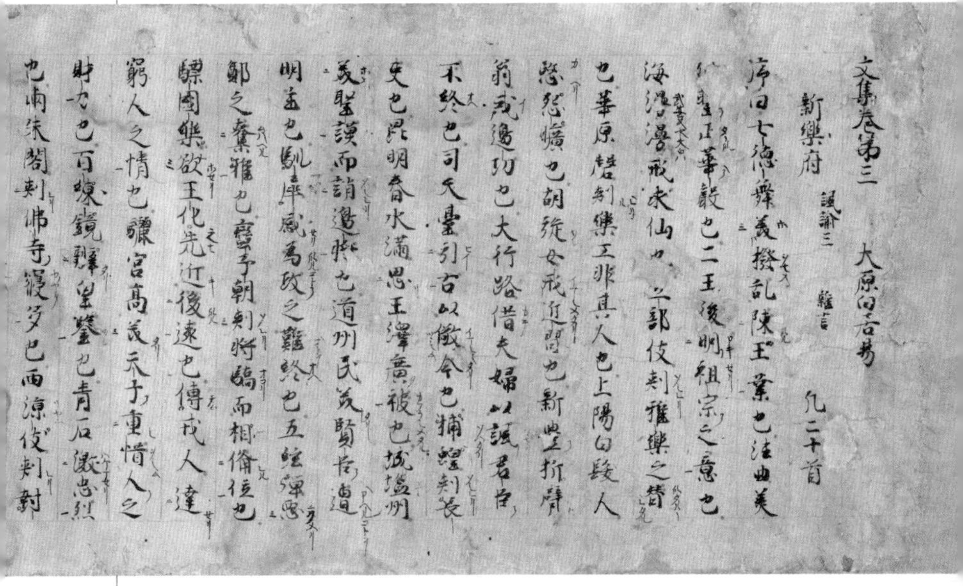

《白氏文集古抄残卷》（局部），《白氏文集古抄残卷》是白居易仅存的书法作品，现存东京国立博物馆。白居易把自己的诗分为讽谕、闲适、伤感、杂律四类，上图是他的讽谕类《新乐府五十首》的部分目录，名篇《上阳白发人》就在其中，这些诗揭露了当时社会的黑暗面。白居易诗歌成就斐然，书法造诣也高，图中书法飘逸之中有筋骨，方正之中露纤巧，笔势翩翩，风度潇洒

长安的外商

如今的中国实施对外开放政策，吸引外商投资兴业，经济实现了快速发展。在千年前的盛世大唐，也用开放包容的姿态，迎接世界各地的商人。那时的京城长安，作为丝绸之路的起点，吸引了大量的外商在此居住经商。走在唐长安熙熙攘攘的大街上，举目皆可见外国人，有突厥人、波斯人、大食人、粟特人、天竺人，还有日本人、吐蕃人、新罗人。这些外国人来到长安，不仅仅是作短暂访问，许多人看到长安繁华富庶，就留下来经商做买卖。外国商人主要经营珠宝、绢帛、药材、茶叶、马牛羊、邸店、酒店、饮食业、高利贷等生意，他们为长安的繁荣发展，做出了一定的贡献。

◆ 信用过硬的波斯邸

当时，在长安经商的西域胡人或外国胡人被称为胡商。从波斯来的胡商从事借贷业务的店叫波斯店和波斯邸，在长安很知名。德宗时，中书令李晟之子就曾到外商的邸店贷钱一万余贯，到期不还，还被诉讼。据《册府元龟·外臣部·互市》载，唐后期长安城内"衣冠子弟及诸军使并商人、百姓等，多有举诸蕃客本钱"。这些经营邸店放贷的蕃客就是包括来自中亚、西亚地区的外国商人。

据《玄怪录·杜子春》载，穷困潦倒的杜子春，"方冬，衣破腹空，徒行长安中，日晚未食，彷徨不知所往。于东市西门，饥寒之色可掬，仰天长吁"。一位老人得知他的窘境后，送他一贯钱，并对他说："明日午时，俟子于西市波斯邸，慎无后期。"次日，杜子春按时前往波斯邸，"老人果与钱三百万"。这样杜子春通过借贷而缓过劲来。在《太平广记·卢

唐三彩胡人牵骆驼俑

李二生》中也记载了李生带着卢二舅的拄杖到波斯邸店，一次贷出两万贯钱。这些记载可以看出，波斯商人开办的邸店，周转资金数额庞大，信用措施周全完备，深得长安人的信赖，无论是衣冠子弟还是平民百姓，官僚还是商人急用钱时，都纷纷到胡商的邸店借贷，渡过了难关。

◆ 醉人的胡风酒肆

胡商在长安还从事餐饮业，他们开设有饭馆、酒馆、饼铺等。据史料载，升平坊有胡商卖饼的摊点，坊门旁"有胡人鬻饼之舍，方张灯炽炉，郑子憩其帘下，坐以候鼓"；长兴坊则有胡人经营的毕罗店。毕罗一说就是现在中亚及中国新疆等地盛行的"抓饭"，还有一说是有馅儿的面点。早在 1500 年前，南北朝时，毕罗就传入中国，到了唐代，毕罗品种较多，有樱桃毕罗、天花毕罗、蟹黄毕罗等。太平公主就特别喜欢吃樱桃毕罗。胡饼、毕罗等各种胡食深受长安人的喜爱，在当时也颇为流行。

图为唐代阿斯塔那墓葬出土的唐代点心，以小麦粉为原料，捏制或模压成形，烘烤而成。点心造型多样，美观精巧

长安的酒肆繁盛，其中胡商所开售卖西域美酒的酒肆就有很多，主要分布在西市以及春明门到曲江的道路两旁。当时的西域美酒有产自高昌的葡萄酒，由马乳葡萄酿造，酒成，凡有八色，芳香酷烈，味兼醍醐；有乌弋山离国的龙膏酒，黑如纯漆，饮之令人神爽；还有波斯国的三勒浆，光色晔晔，其味温馨甘滑，饮之醉人，还有消食下气的功效。贩卖这些美酒是胡商的专利，他们主要是依靠进口保持酒原汁原味，因而其价钱也远高于本土的酒。胡商们很有经商头脑，他们不将酒肆设在闹市之中，而是设在城门口，方便送别的亲友以酒诉情，离别饯行。

　　胡商的酒肆不仅经营方式与长安本地的酒肆不同，他们还会利用颇具异域风情的胡姬招揽客人。"胡姬"的称谓最早见于古诗《羽林郎》："昔有霍家奴，姓冯名子都。依倚将军势，调笑酒家胡。胡姬年十五，春日独当垆。"这些明艳动人的西域女子，穿着民族服饰，弹奏异域音乐，跳着曼妙舞蹈，神秘而热情，深深地吸引着长安士大夫及各阶层人士。

　　大唐是处处皆诗的时代，胡姬的风采，自然引起了诗人们的青睐。浪漫主义诗人李白对于新生事物最为敏感，对于胡姬的独特风情，他是格外关注，留下的此类诗篇最多。李白《前有樽酒行二首》诗中写道："琴奏龙门之绿桐，玉壶美酒清若空。催弦拂柱与君饮，看朱成碧颜始红。胡姬貌如花，当垆笑春风。笑春风，舞罗衣，君今不醉将安归？"李白《送裴十八图南归嵩山二首》诗中还写道："何处可为别，长安青绮门。胡姬招素手，延客醉金樽。"李白《少年行》之二说："五陵年少金市东，银鞍白马度春风。落花踏尽游何处，笑入胡姬酒肆中。"诗人元稹在《胡旋女》一诗中对胡姬的胡旋舞大为赞

图为敦煌唐代壁画线描，图中舞蹈就是胡旋舞，为西域舞蹈，节奏奔腾明快，动作多旋转和蹬踏，活力十足。唐时，西域米国、康国都曾进贡胡旋女，天宝年间此舞广为流传，身材肥硕的安禄山胡旋舞就跳得极好，深受玄宗喜爱

赏："蓬断霜根羊角疾，竿戴朱盘火轮炫。骊珠逆珥逐飞星，虹晕轻巾掣流电。潜鲸暗噏笡波海，回风乱舞当空霰。"元稹的好友白居易对胡旋女也是赞叹不已："*胡旋女，胡旋女。心应弦，手应鼓。弦鼓一声双袖举，回雪飘飖转蓬舞。左旋右转不知疲，千匝万周无已时。*"胡旋舞相比于大唐传统的婉约型舞蹈更为爽朗豪放，异域的神秘气质、有张力的舞姿再配上热情奔放的音乐，营造出一种酒不醉人人自醉的氛围，饮酒者酒兴大涨，酒自然就卖得多了。由此可见，胡商的经营之道还是很独特的，难怪他们能在长安扎下根，发财致富。

◆ 慧眼识宝的胡商

胡商们不仅搞金融、开酒店在行，他们中还有许多鉴宝高手。胡商在长安有不少人经营珠宝、金玉等贵重物品。典籍记载了不少胡商善于辨别珠宝贵贱的故事，钱易《南部新书》中就称赞胡商："西市胡人贵蚌珠而贱蛇珠。蛇珠者，蛇所吐尔，唯胡人辨之。"据说，长安大安国寺藏有一枚价值亿万的水珠，赤色，状如片石，看起来普通至极，只是夜里微微发光。开元十年（722），该寺僧人将其携至市中出售，结果不为市人所看重。后来，有个西域胡人见珠大喜，以重金购去，他识得此珠，乃大食国所贡，其埋入地下水泉立出，可以供几千人饮用，是行军打仗用的宝贝。而且在这宗买卖中还使用了翻译，可见胡商在长安的普及，甚至都出现了专门的商务翻译。这类故事在唐人笔记小说中屡见不鲜，说明胡商经营珠宝和鉴宝的能人很多。

史料记载，曾任宰相的李林甫在出席一个宴会时，喝到高兴处，赏赐给当时设宴的僧人一只彩色竹篮。僧人收下，竹篮里有一香罗帕，包着朽钉大小的东西，感觉不值钱，顿觉失望。后来，他把这东西拿到繁华的西市，打算转手倒卖，便找了一名胡商问这彩色竹篮的价钱。胡商见了竹篮内之物，大惊失色，问："这宝贝哪儿来的？开个价吧，我要了。"一开始僧人只要百金，胡人大笑："不止这个价，再说高点吧。"僧人加至五百千，胡人直接开口："这个可值一千万啊！"僧人喜不自胜，赶紧卖了。卖完才问胡商这宝贝的名字，胡商说这是佛骨舍利。正是有了识宝能手胡商的功劳，才使这件稀世珍宝得以展现真正的价值。

市场趣闻：胡商也交"保护费"？

胡商精明能干、善于经营，在大唐京城长安经商、生活游刃有余，且拥有了相当的实力。他们人数众多，财力雄厚，在社会上也很活跃。唐元澄所撰的《秦京杂记》有个故事。玄宗时，李蔼接任京北尹后，急需筹措三千缗钱，问属下何以取足，属下请他询问捕贼官韩铢。韩铢让他来日升堂时将自己拖拽至庭前，责问为何西市波斯客与汉客交杂，这件事就算办成了。李蔼不明其中缘由，但还是依言责备韩铢，胡商们得知消息后，二百余家胡商送来了"压惊钱"，李蔼果然筹到了所需的钱。这个韩铢看来就是胡商们的靠山，有他在胡商们就有较大的行动自由，所以当韩铢受到上级责骂时，他们就赶紧来安慰韩铢。

学

杏园初宴曲江头

长安的『大学』

在朝廷治理下，唐朝的教育是很发达的。在唐代，长安有三所学校堪比今日的大学。一是国子监，属于"官办综合大学"，位置在皇城外的务本坊，主要招收各级别官僚子弟，也招收少量的平民子弟和外国留学生。二为弘文馆，可以比喻成当时政府主办的"权贵精英大学"，位置在大内太极宫，师资水平高，老师是弘文馆学士，招收的是高级别官员、皇亲中的优秀子弟。三是崇文馆，可以理解成为皇位继承人太子创办的"太子学馆"，就设在太子东宫里。

唐代长安的"大学"一览表

大学名称	国子监	弘文馆	崇文馆
学校性质	官办综合大学	权贵精英大学	太子学馆
教师级别	博士	弘文馆学士	崇文馆学士
招生要求	各级别官僚子弟、少量的平民子弟、外国留学生	高级别官员、皇亲中的优秀子弟	太子和皇亲贵族子弟
招生名额	约2200人	30人	20人
地 址	务本坊	门下省	东宫

（据《新唐书·选举志》整理）

弘文馆和崇文馆都是与老百姓无缘的大学，是为国家上层培养接班人的，他们的公共必修课为《论语》和《孝经》；专业选修课主要有《春秋左氏传》《诗》《周礼》《仪礼》《易》《尚书》《春秋公羊传》《春秋穀梁传》等。

◆ 国子监招生简章

国子监是寒门子弟也可能考上的学校了。贞观元年（627），唐太宗将国子学改称国子监，同时改为独立的教育行政机构。国子监由博士与助教授课，就读的学生统称生徒。

国子监招生简章

学　院	招生人数	招生标准	入学年龄	学费
国子学	300	三品以上及国公子孙，以及从二品以上曾孙等	14—19 岁	束脩之礼：入学新生请准备束帛一篚（帛5匹）、酒一壶（二斗）、脩一案（干肉5脡）
太　学	500	五品以上及郡县公子孙，以及从三品曾孙		
四门学	500	①七品以上以及伯、侯、子、男之子；②庶民之中"俊士科"的俊士生		
律　学	50	八品以下及庶民之子	18—25 岁	
书　学	30		14—19 岁	
算　学	30			

（据《新唐书·选举志》《新唐书·百官志》整理）

◆ 国子监教学管理

国子监内设祭酒一人，司业两人，"掌儒学训导之政，总国子、太学、广文、四门、律、书、算凡七学"。由他们负责六学一馆的学生学习成绩、学籍管理和训导等具体办学事宜。国子监所辖的六学一馆，律学、书学、算学是三个相对独立的学院，教授实用学问：律学主要教授律令、格式法例；书学以教授《石经》《说文》《字林》为主；算学则教授《九章》《海岛》《孙子》《周髀》，以及《缀术》《缉古》等数学知识。四门学、太学、国子学则教授以九经为主的儒学经典，是生徒可以层层深造的学院。四门学的学生修完规定的课程，考试合格可以升太学，太学考试合格可以升国子学。《新唐书·选举志》记载："诸学生通二经、俊士通三经已及第而愿留者，四门学生补太学，太学生补国子学。"国子学学生长幼为序，习正业外，还学吉、凶二礼。但是，如果学生考试达不到升级的要求，就要降到下一级学院学习，直至退回原籍。即国子学生

黜为太学生，太学生黜为四门学生，四门学生黜为州学生。

　　在唐代国子监读书，和今天的大学生一样，也有选修课和公共必修课两种。《孝经》和《论语》是必修科目。国子监把

当时重要的儒经分成了大、中、小三类，大经为《礼记》《春秋左氏传》；中经为《诗》《周礼》《仪礼》；小经为《易》《尚书》《春秋公羊传》《春秋穀梁传》，国子学、太学、四门学的学生可以按规定选择相应的儒经来学习。除上述课程以外，国子学、太学、四门学要求学生"习时务策"。"时务策"是应对科举考试而为学生特意定制的课程，让学生练习时务策论。书学则要求学生"日纸一幅"，每天对必修课上所学习过的字体、笔法等进行巩固练习。

国子监对生徒的离监出行、请假休课很严格，不许生徒随意离开国子监，外出游荡，更不许无故离监回家，家里有事会给

萧望之梁立贺夏　六艺招选蒉兴而　篆修洪业亦讲论　世莫及孝宣承统　功业制度遗文后造　可胜日纪是以兴下　光金以奕其余下　霍去病受遗则霍　苏武将率则卫青　羊奉使则张骞　李延年运篆则桑　部洛下阂协律则唐　朱买臣应毂则唐

此为"初唐四大楷书家"之一褚遂良晚年的书法《倪宽赞》（局部）。《倪宽赞》原为《汉书》中公孙弘、卜式、倪宽传的赞，后世简称《倪宽赞》，讲述了汉武帝求贤用贤、广揽天下奇士等内容。墨迹楷体中有隶书之影，笔力均匀、潇洒自然，透出褚遂良晚年历经沧海的平和与超迈

予假期。正常放假休息则和官员一样实行"旬假"，上十天休息一天。《新唐书》记载还有季节性的"田假"和"授衣假"：

"每岁五月有田假，九月有授衣假。二百里外给程。" "田假"是在农历五月农忙时，允许回家探亲一个月，帮忙干活；"授衣假"则是在农历九月该换冬装时，放假一个月，探亲并准备冬衣。

国子学、太学、四门学及书学、算学这五学的生徒修业期限是九年，若在九年内不能毕业，则会被勒令退学。律学生徒则是六年。因为国子监是唐朝的最高学府，生徒的教育质量直接影响着未来公务员的素质，因此，唐政府对国子监生徒的学业考核非常重视，建立了完备的考试测评制度，分为旬考、岁考、毕业考三种。凡是按学制修满，毕业考不能过关的，一律作退学处理。中晚唐时期，国子监管理日渐弛散，出现了"密来太学，举明经，累年不获选""太学生何蕃入太学廿余年矣"的情况，一个叫作何蕃的太学生徒，竟然二十年没有毕业。

敦煌45窟壁画中展现出盛唐时期农忙场景，牛犁地，农妇撒种，还有二人在扬麦

三十老明经 五十少进士

　　科举是隋唐时期新兴的选官制度，比起以前重在推荐的察举制度，平民有了"朝为田舍郎，暮登天子堂"的机会，可以实现阶级跨越。能够参加科考的考生一部分就是长安"大学"（国子监、弘文馆、崇文馆）毕业考试及格的学生，另一部分则是地方选拔上来的学生，也称"乡贡"。唐朝的科举考试名目多样，有秀才、明经、进士、明法、明书、明算等，众多科目中，明经、进士二科最为重要。明经主要考帖经，测试记诵能力；进士科需要考帖经、时务策、杂文等内容。时曰"三十老明经，五十少进士"，五十岁进士都算年轻了，可见进士考试难度之大。唐朝科举考试的发展处于萌芽阶段，立法尚不规范，终唐一代，科举取士所占比例不是很大。

◆ 还要靠推荐的"行卷"之风

当时，有背景的学子会把自己得意的作品投呈给达官贵人，请他们向考官推荐自己，时称"行卷"。唐朝"行卷"之风盛行，著名诗人杜牧的"行卷"故事就十分精彩。据《唐才子传》载，唐文宗大和二年（828），杜牧将要参加进士考试，当年的主考官是礼部侍郎崔郾。按照惯例，举子不能向主考官直接投献行卷，必须通过其他名人转交、推荐。杜牧出身长安名门，是名相杜佑的孙子，本人又才华出众，许多官员愿意主动为他奔走，散发行卷。尤其以太学博士吴武陵最为上心，随身携带杜牧的名篇《阿房宫赋》。听说崔郾将从长安启程赴洛阳主持考试，吴武陵急忙赶来，对崔郾说："先生正要为天子选求奇才，我这正有一位。"说完，从衣袖里拿出一篇文章交给崔郾，正是杜牧的《阿房宫赋》，文章写得词采警拔，立意高远，崔郾读后连连称赞。吴武陵当即要求崔郾给杜牧个状元，可是状元已经内定，崔郾没有答应，一直问到第五名，崔郾仍然摇头，吴武陵很生气，就要回《阿房宫赋》。崔郾舍不得，这才承诺给杜牧第五名。吴武陵走后，有人说杜牧举止轻佻、行为放荡，请崔郾再考虑考虑，崔郾坚定地说："我已经答应吴先生了。杜牧就算是个小商小贩，也不能更改了！"考试结束，杜牧果然中了第五名进士。

有些考生没有背景，不懂官场里的道道，只知道要"行卷"，却不知该找谁。据《太平广记》载，唐宪宗元和七年（812），兵部侍郎许孟容担任主考官。进士李固言向人探听科场事宜，有人因妒忌李固言的才学，故意暗示让他去投谒许孟容。行卷找主考官，犯了大忌，李固言却不知。谁料，许孟容非常欣赏李固言的行卷，觉得此事必有蹊跷，派人追查真相。后来，李固言被录为榜首，那些教唆者却落榜了。

◆ **考生公然和考官叫板**

唐代的科举考试主考官叫知贡举，最初由吏部考功员外郎（从六品）担任，玄宗开元年间，转为礼部侍郎（正四品）担任。科考主考官官阶升高，能够看出朝廷逐步在规范科举制度。这个改变和玄宗时期发生的一起科考纠纷事件有关。据《唐摭言》载，开元二十四年（736），李昂担任吏部考功员外郎，掌管科举考试。李昂性格刚直褊急，不能宽容待人。一上任，他就召集举子们，严厉告诫说："文章的好坏高下，一看就都知道了。至于考试录取还是淘汰，这就全依赖于主考官的公正了。本官秉公办事，严禁徇私舞弊，如果发现有托关系的，就

唐彩绘釉陶贴金文吏俑　　　　　唐彩绘釉陶贴金武官俑

一概不录取！"

有一个叫李权的考生，他的邻居是李昂的岳父。他拜托邻居在李昂面前美言几句。刚讲完规矩，就有人顶风作案，李昂很是生气，当即召集举子们，对自作聪明的李权做了不点名的批评。不仅如此，李昂还摘录李权文句中的小毛病，张贴到大街上，让李权难堪。李权被惹恼了，找上门去，对李昂说："'耳临清渭洗，心向白云闲'是不是您的诗句呢？"李昂点头称："是！"李权接着说："古时候尧帝年老体衰，厌倦管理天下了，打算把帝位让给隐士许由。许由讨厌听到这样的话，觉得尧的话弄脏了自己的耳朵，所以跑到渭河边洗净了耳朵。现在，大唐皇帝正值青春年华，不会把帝位禅让给你，可是你为什么也要去洗耳呢？！"李昂听后惶恐惊骇，以李权蛮横无理、顶撞上司为由，把他交给执法机关惩治。司法部门认为李权的行为无法治罪，对他没作任何处罚。事后庭议，朝廷认为吏部考功员外郎官位太低，无法驾驭和震慑众多的科举考生，决定改由礼部侍郎来主持科举考试。

◆ **封闭考场的"锁院"制度**

玄宗年间，除了科考转归礼部主管，考试试纸还设置有贡举印，以防考生夹带作弊。再后来，还出现了最初的锁院制度（采取封闭考场的方式进行考试），限制考官和考生与外界往来，防止考官、考生舞弊。《通典·历代制下》记载："阅试之日，皆严设兵卫，荐棘围之，搜索衣服，讥诃出入，以防假滥焉。""阅试"指的就是科举考试，礼部贡院要严设兵卫，须用"荐棘"（草席和酸枣树枝）围住考场（时称"贡院"），查验相关人员出入，应该是初步具备锁闭贡院的性质了。这在当时的技术条件下，已经是很大的进步了。

唐代实行锁院制度比较确切的记载是在唐穆宗长庆四年（824）。据《唐摭言》载，长庆四年李宗闵任主考官，李群赴举至京师，"已锁贡院，乃捶院门请引见"。这就说明，礼部贡院在长庆四年以前就实行了锁院制度。唐文宗开成五年（840），礼部侍郎李景让主持贡举考试，"以太夫人有疾，报堂请暂省侍，路逢杨虞卿，恳称班图源之屈"，班图源因而得第。这件事可以看出，主考官主持考试期间是不准随便出入贡院的，除非有特殊情况，向当班宰相请示，才能离开贡院，正好说明锁院对主考官出入贡院是有相关管理制度的。

御史台负责监督贡院锁院时期主司和举子的违纪行为。有一次，他们联合主考官，查获了一起假冒堂印的作弊大案。据《旧唐书·宣宗本纪》载，大中九年（855）三月，"御史台据正月八日礼部贡院捉到明经黄续之、赵弘成、全质等三人伪造堂印、堂帖，兼黄续之伪著绯衫，将伪帖入贡院，令与举人虞蒸、胡简、党赞等三人及第，许得钱一千六百贯文。据勘黄续之等罪款，具招造伪，所许钱未曾入手，便事败。奉敕并准法处死。主司以自获奸人，并放"。

唐宣宗李忱对这起案件非常重视，将伪造印件和贪污受贿的官员黄续之等人依法处死。同年三月，试宏词举人的考试题目也泄露了，宣宗下诏将主管考试的官员分别处以降职、免职、罚俸等处分，取消了已被录取的10名举人的资格。对这一类事件的处理，在一定程度上打击了科举考试中的营私舞弊现象。

◆ 锁院之前的"活动"

即使有严格的锁院制度，科考依旧有"活动"的空间。主考官进了贡院就不准出来，可没进贡院前有些考试名额就内定了。唐代，有不少主考官考试之前要到宰相家探听意见，这也是为了讨好宰相，为自己将来晋升打基础。据《唐阙史》载："贡士许道敏，随乡荐之初，获知于时相。是冬，主文者将莅事于贡院，谒于相门。丞相大称其文学精臻，宜在公选，主文加简揖额而去。"这里说许道敏参加考试那年，主考官曾谒见了宰相，询问宰相心目中的及第人选。据《玉泉子》载，在唐武宗会昌三年（843），"王起知举，问德裕所欲，答曰：'安

明代仇英绘《观榜图》（局部），描绘了殿试后举子们观榜的盛况，宫门口仪卫列队排开，精神抖擞，门外观榜者千人千面，有人气定神闲、胜券在握；有人前呼后拥，急不可耐；有人观榜之后黯然失色，失魂落魄；有人兴奋之情呼之欲出，飞马报喜，也有置身事外看热闹的，展现了放榜之后的真实场景

问所欲？如卢肇、丁棱、姚鹄，岂可不与及第耶？'起于是依其次而放"。王起兼任主考官时，也到宰相李德裕家里请示，而李德裕一一告知了自己心中的人选。当年卢肇中了状元，丁棱、姚鹄中了进士。

如果"活动"选出的人尚可，皇帝或许会睁一只眼闭一只眼。但如果太过分，皇帝可就不高兴了。玄宗年间，苗晋卿任主考官，他为了巴结御史中丞张倚，把张倚蠢笨无比的儿子列为第一名。谁都知道，他儿子张奭腹内空空，一时间朝野上下议论纷纷。大红人安禄山把这个科场舞弊的事告诉了玄宗，玄宗便召集那些登科的考生在花萼相辉楼前重新考试，结果十个人当中没有一两个合格的。这个张奭最差，手拿试卷，整整一天竟然没有写出一个字来。因此，人们就嘲笑他"曳白"，用今天的话说就是"交白卷"。唐玄宗见状大怒，立即贬黜了张倚，指责他："平素在家，不能训导儿子；科考之际，竟然托人舞弊！"从此，"曳白"的笑话便传开了。苗晋卿也被贬到外地做官去了。

还有偶然巧合，考生自己投准了门子。《玉泉子》中还记载，唐德宗贞元元年（785）八月末，主考官还未确定，进士牛锡庶累举不第，遂以所习作品投刺到礼部尚书萧昕那里。萧昕因独居无聊，见有举子求谒，非常高兴，便与之亲切交谈，问牛锡庶："外面人议论该谁当主考官呀？"牛锡庶恭维地说："尚书您至公为心，肯定是您呀！"萧昕听了非常高兴，便说："也未必，果真如你所说，状元肯定是你的！"牛锡庶正要答谢萧昕，忽闻圣旨到："尚书知举。"这真是"瞎猫碰上了死耗子"，牛锡庶的好运来了。萧昕遵守承诺，次年，牛锡庶状元及第。

总体而言，唐代锁院制度的确立，对防范举人舞弊，监督考场纪律，保证科举考试相对公平地举行，有效地选拔社会各阶层中的英彦，还是起到了一定的积极作用，也是科举史上的一大进步。

宾贡进士崔少府

向世界敞开大门，拥抱八方来宾，是当时唐朝廷的英明决策。大唐是当时世界上最为强盛的国家之一，不仅疆域广阔，物质丰饶，文化发达，其开放与包容程度更是史无前例。唐都城长安，已经成为留学生的聚集地，吸引了世界各国的学子前来留学，最多时达到上万人。

这么多的留学生，如何加强管理是个大问题。唐政府针对留学生制定了一系列的管理制度，既要做好留学生的资格审查和教育教学工作，又要对他们进行严格的管理，使留学生既享受到权益，又必须遵守相关规定，从而确保留学的顺利进行和社会秩序的稳定。

◆ 来唐留学可不容易

外国人到长安留学，并不是来者不拒、多多益善，而是要经过严格的入学审批手续。向唐朝派遣留学生最多的国家是新罗和日本，两国的留学生在来大唐之前已经过了本国严格的筛选，再由两国官方向唐政府礼部提出申请，经过严格的资格审查，得到批准后方可入学。一般情况下，外国使团会在进献方物、觐见皇帝的时候提出留学生的入学申请，因为这些留学生大都是随使节团一同前来的。据《旧唐书》载，大和七年（833），"（渤海国）遣同中书右平章事高宝英来谢册命，仍遣学生三人，随宝英请赴上都学问。先遣学生三人，事业稍成，请归本国，许之"。渤海国高宝英出使大唐，按惯例随行带来了三名留学生，提出留学申请，得到了唐政府的批准，上

唐阎立本《职贡图》，描绘了贞观年间，林邑、婆利、罗刹等国家派使者来唐朝进贡各色珍奇物品的情景，这些国家处在南海附近，气候较热，其人发卷色黑，多光脚，穿耳洞戴耳环，他们的贡品有象牙、珊瑚、鹦鹉、孔雀扇、山羊

一批三名留学生则学成归国。

　　并不是所有的留学生都能得到批准，《唐会要》记载，唐文宗开成年间，渤海国被唐政府退回了十名留学生，"渤海国随贺正王子大俊明，并入朝学生，共一十六人。敕：'渤海所请生徒习学，宜令青州观察使放六人到上都，余十人勒回。'"被唐政府退回最多的是新罗留学生，据《唐会要》载："新罗差入朝宿卫王子，并准旧例。割留习业学生，并及先住学生等，共二百十六人，请时服粮料。又请旧住学习业者，放还本国。敕：'新罗学生内，许七人……（其余）并勒还蕃。'"也就是说，这次新罗国只留七人学习，先后有二百零九名学生回国。

◆ **大唐留学生管理条例**

来唐留学生的待遇很优厚，绝大部分留学生被安排在长安国子监中学习，他们的食宿费用全部由政府提供，政府还向他们免费提供四季服装。虽然大唐优待留学生，但不等于他们可以肆意妄为。当时，唐政府对外国人制定了一系列法律，留学生也要遵守。

第一条 不得私自与官员、百姓交往，不许私作婚姻。《唐律疏议》规定："蕃客入朝，于在路不得与客交杂，亦不得令客与人言语。州、县官人若无事，亦不得与客相见。即是国内官人、百姓，不得与客交关，私作婚姻，同上法。"这个规定表明，留学生在入朝的路上不得私自与官员、百姓交谈，并且他们也不得随意与州县官员接触。同时，他们不能私下与大唐子民结婚。这一方面是为了保护国家信息安全，防止官员、百姓与留学生通传消息，泄露国家机密；另一方面，也是出于对留学生生命财产安全的考虑。

第二条 严禁在大唐从事间谍工作，通传消息。《唐律疏议》规定："若化外人来为间谍，或传书信与化内人并受，及知情容止者，并绞。""化外人"，是古代法律中对外国人的通称。这一条说明，如果留学生在大唐被发现从事谍报工作，通传消息，一经查实，依律判处死刑。

第三条 必须穿自己国家的服饰，不得穿大唐服饰。当时，长安各国人等相杂而居，且蕃客在大唐又享有诸多特权，从而出现了很多社会问题。为了便于管理，防止蕃客在华诱娶妻妾，唐政府规定："回纥诸胡在京师者，各服其服，无得效华人。"《旧唐书》也记载："诏鸿胪寺，蕃客入京，各服本国之服。"这说明留学生在唐必须穿着本国服饰，不能像唐人一样身着中华服饰。留学生的着装问题，具体由管理留学生事务的鸿胪寺负责监管。

第四条　不仅要遵守大唐的基本法律，还要遵守唐政府特别针对化外人所制定的法律。根据《唐律疏议》的规定："诸化外人，同类自相犯者，各依本俗法；异类相犯者，以法律论。疏议曰：'化外人'，谓蕃夷之国，别立君长者，各有风俗，制法不同。其有同类自相犯者，须问本国之制，依其俗法断之。异类相犯者，若高丽之与百济相犯之类，皆以国家法律，论定刑名。"根据这一规定，在大唐境内，同一国籍的留学生之间的犯罪，可以适用留学生自己国家的法律处断；不同国籍的留学生之间的犯罪，就当以唐律处断。

对于留学生的违法行为，《唐律疏议》有详细的惩处规定。根据规定：留学生若与百姓私自交易，按盗窃罪论处，最高可以判处流放三千里的处罚；若有不从关门入境的越度行为，要被判处两年的徒刑（徒刑，就是坐牢）；如果私自与百姓交易违禁兵器，要被判处绞刑。若交易未成，则"减死三等，得徒二年半"。留学生若私自与大唐女子结婚，要处以流放两千里的处罚。若婚姻未成，则"减流三等，得徒二年"。若留学生充当间谍通传消息，则要被处以绞刑。

◆ 宾贡进士

大唐留学生管理严格，很多留学生学习成绩显著。贞观元年（627），大唐已对外国学生开放科举考试，外国留学生也可以登科及第，他们被称作"宾贡进士"。据史书和一些地方志、笔记记载，当时参加进士科考试的外国考生来自日本、大食、新罗、安南等国家。

据《全唐文》载，宣宗大中二年（848），大食国（今阿拉伯）人李彦升，得到宣武军节度使卢钧的推荐，考取了进士。李彦升于唐代后期侨居中国，他热爱并学习中国文化，很快掌握了较多的中文知识。当时的汴州刺史、宣武军节

唐金乡县主墓出土胡人官俑

度使卢钧偶然发现李彦升中国话讲得标准流利，并了解到李彦升是随经商船队来的，出身名门望族，来中国定居后更名为现名。唐宣宗大中元年（847），爱才的卢钧为了不埋没李彦升的才智，特意向唐宣宗荐贤。经唐宣宗派员考察后，恩准李彦升参加科举考试。第二年，李彦升到京后，按步骤进行科考，不负众望，一举及第。

当时外国人参加唐代科考的，新罗人较多。清人徐松《登科记考》载："崔致远，少梁部人，十八登第。"新罗人崔致远，在唐僖宗乾符元年（874）进士及第。佳讯传至新罗，举族同庆。崔致远用汉文所著的《桂苑笔耕集》自序："右臣自年十二离家西泛，当乘桴之际，亡父诫之曰：'十年不第进士，则勿谓吾儿，吾亦不谓有儿。往矣勤哉，无堕乃力。'"崔致

远严守父训，中了进士，在中国做了县尉。

后来，崔致远归国时，许多诗人纷纷赋诗相送，诗人杜荀鹤在《赠溧水崔少府》中写道："庭户萧条燕雀喧，日高窗下枕书眠；只闻留客教沽酒，未省逢人说料钱。洞口礼星披鹤氅，溪头吟月上渔船。九华山叟心相许，不计官卑赠一篇。"

五声宫漏初鸣夜

有事早奏，无事退朝

"有事早奏，无事退朝！"这是人们在电影里常看到古代早朝即将结束时的信号用语，真实的上朝究竟是什么样呢？在唐代的京城长安，官员们上班要比现代人上班辛苦得多。首先，他们工作日连续时间比较长，上十天班休息一天。其次，早朝很辛苦。唐制"凡京司文武职事九品已上，每朔、望朝参；五品已上及供奉官、员外郎、监察御史、太常博士，每日朝参"。九品以上的长安官员初一、十五要上早朝，五品以上要职每天都要早朝，早朝完再到自己的办公地点工作。

唐代早朝的时间，在 5 点到 7 点。早朝时间虽然比现在上班时间早不了太多，但那时候通勤可没有现在便捷，宫城面积又大，住所较远的官员凌晨 3 点以前就要起床，赶往皇宫参加早朝。那时没有时钟，因此，如何早起成为了官员们面对的头号难题。

◆ "鸡人"与知更雀

唐代没有闹钟，早晨叫醒官员的是"鸡人"。"鸡人"是更夫的雅称，夜晚一共五更，每更一到，更夫们一个接着一个、一站接着一站地在大街上高声叫喊报时。五更天（凌晨3—5点）时，更夫要特别通知上朝官员家的守门人员，提醒官员上早朝，这种方式被称为"鸡人报晓"。这种报时方式弊端很多：一方面影响市民休息；另一方面准确性不高，常常误了京官们的早朝。到了唐太宗贞观后期，宰相马周想出了一个替代的办法，即在承天门门楼上置放大鼓，城郭的六条大街上都安置大鼓，到了报更的时候，在承天门先敲响鼓声，六条大街鼓声相随。这种鼓声报时，有了很大的进步。

为了准确掌握时间，有些官员也是煞费苦心地想出一些办法。唐玄宗时，宰相裴耀卿夜里常常看案牍到很晚，害怕早晨起不来，便养了一只小鸟。那鸟初更（晚上7点）时便开始鸣叫，到了五更天的时候，叫唤的声音更大，叫声非常急促，每当听到这样的叫声时，裴耀卿就知道该起床上早朝去了。他把这只爱鸟称为"知更雀"。他家门前还有一棵梧桐，五更时分有群鸟翔集，鸟群啾啾鸣叫，也成为他起床上早朝的讯号，被呼为"报晓鸟"。

◆ 廊下食

天还没亮，官员们便纷纷赶往皇宫早朝。到了皇宫要匆忙更衣，整理仪表，规规矩矩地朝见皇帝。唐代宗年间，知弹侍

唐鸳鸯莲瓣纹金碗

御史徐宏毅安排专人从宣政门一直到皇帝上早朝的含元殿路上巡逻，检查上朝官员的礼仪。官员们不仅起得早，上朝路上也约束着，上朝之前还不敢吃饭，上厕所、吐痰都是失仪，这样下来，早朝着实辛苦。

　　好在早朝完毕后，朝廷会提供一顿免费的工作餐，食堂就在早朝殿前的廊道内，被称为"廊下食"。在皇宫吃早餐行坐也要符合礼仪，否则会被罚去一个月的俸禄。皇宫早餐必须丰盛，类似于今天的四菜一汤，还有肉类供应。夏季有防暑降温餐，冬季有烤火餐，各个节日也有加餐。比如寒食节，会给麦粥喝；正月初七和三月初三加赐煎饼；正月十五、三十赐膏糜；五月端午赐粽子；七月七赐斫饼；九月九重阳节赐麻葛糕；十月一日加肉羹……

◆ 既午而退！

　　吃完早餐，各官员则要回到自己办公室料理公务了。长安官员公务不繁忙的话，下午3点左右就可以打卡下班了。据

《唐六典》规定："凡内外百僚日出而视事，既午而退，有事则直官省之；其务繁，不在此例。"看着下班挺早的，想想他们通勤可能还要许久，有时还有公务应酬，到家也不算早了。

为了保证公务正常运转，需要留人值班，"凡尚书省官，每日一人宿直，都司执直簿一转以为次。凡诸司长官应通判者及上佐、县令皆不直也"。连夜守在岗位上，时称"宿直"。京官尤其是三省的官员们，必须按规定轮流值班，因为皇帝什么时间有事这是不固定的。唐代夜班制度很严格，《唐律疏议·职制律》规定："诸在官应直不直，应宿不宿，各笞二十；通昼夜者，笞三十。"打板子事小，皇帝生气了，还要被贬官的。开元年间的一天，时任中书舍人的梁升卿值夜班，由于第二天是他父亲忌日，需要举办祭祀活动，他便写了个条子给给事中元彦冲，恳请他代劳。结果那天元彦冲有酒场，喝醉了没有按时到岗。那夜，唐玄宗正好有命令需要发布，结果夜班值班室一个人也没有，玄宗很生气，这二人就都被贬到外地做官去了。

除了考勤要过关，三省值班的官员能力也要过硬。一次，唐玄宗深夜突然宣布任命苏颋当宰相，让人把值班的中书舍人萧嵩叫进宫来。唐玄宗看他个子高大，一表人才，高兴地让他起草敕文。萧嵩略一构思，挥笔写就，哪知唐玄宗接过来一看，就皱起了眉头。第一句"国之瑰宝"的"瑰"字犯了苏颋父亲的名讳，玄宗便让萧嵩立即修改，结果萧嵩看到玄宗不高兴了，吓得汗都流下来了，大脑一片空白，一个字也想不起来了。最后只是动了一个字，改为"国之珍宝"而已。唐玄宗一看，就挥挥手让他走了，把敕文扔到地上，说他真是虚有其表。左右都忍不住笑了起来。

值夜班辛苦，朝廷会给值班官员发放一些福利。春夏的夜晚比较容易犯困，这时值班的翰林学士可以领到一些茶果。其他值班人员，也有不同的照顾。除此之外，因为值夜班人少，更容易单独接触皇帝，展现自己的才能，可能有难得的机会。苏颋还是翰林院学士的时候，一次正逢八月十五的夜里值班，玄宗心情大好，邀全体值班人员一起饮酒赏月，苏颋即兴赋诗道："紫绂名初拜，黄缣迹尚留。月舒当北牖，云赋直东楼。恩渥迷天施，童蒙慰我求。迟君台鼎节，闻义一承流。"玄宗这时候就看出苏颋才华横溢。贞元年间，中书舍人权德舆经常连续值班数日，史载"独德舆直禁垣，数旬始归"。德宗觉着权德舆辛苦，苦于找不到比他能力强的，让他坚持了多年。宪宗时，权德舆官拜礼部尚书、同中书门下平章事，也就是宰相。

自唐初开始，宰相也是要值夜班的。唐玄宗开元年间，姚崇任宰相，当时，他年事已高，仍深得玄宗的宠信，地位显赫。一次，当主管值班的办事员拿着排班表找姚崇值班时，姚崇拒绝了。无奈，办事员就去请示主管，回来后对姚崇说："我们主官说了，没有宰相不值班的制度，也没先例。姚大人还是必须值班！"说完就把登记簿递过来。姚崇想了想，提起笔来，在上面写道："告直令吏，遣去又来。必欲取人，有同司命。老人年事给终不拟。"姚崇这几句话的意思是：告诉办事员不值班了，却去了再来，一定要我值夜班，就像催命鬼，毕竟我年纪高了，担当不起值夜班的重任了。姚崇写完，把登记簿递还给办事员，大家看了都被逗笑了，从此也没人再逼姚崇值班了。开元十一年（723）开始，其他宰相也和姚崇一样不用值班了。

值班趣闻：摸鱼写点诗

值夜班的时候，若无要事，就会有很长的闲暇，长夜漫漫，百无聊赖。很多官员的"摸鱼"方式很是优雅，写诗打发时光，留下了不少经典诗作。权德舆值夜班的时间最长，他写下"寂寞闻宫漏，那堪直夜心"来抒发值夜班的寂寞之情。白居易任左拾遗时，也常常值夜班，写下了《禁中夜作书与元九》："心绪万端书两纸，欲封重读意迟迟。五声宫漏初鸣夜，一点窗灯欲灭时。"白居易这一封信整整写了一夜，可见那夜他值夜班，无事可做，才有时间想起友人，写诗抒怀。大诗人杜甫仕途一直不顺利，40多岁时才被肃宗授左拾遗之职，居于朝官之列。值夜班的时候，他心中感慨万千，一会儿到房外望望月、看看花，一会儿又坐在屋里听听虫叫鸟鸣，夜不能寐，写下了《春宿左省》一诗："花隐掖垣暮，啾啾栖鸟过。星临万户动，月傍九霄多。不寝听金钥，因风想玉珂。明朝有封事，数问夜如何？"

假期风流万人游

　　唐朝官员虽然上十天班才休息一天，但节令假还是很多的：春节、冬至两个节日，有七天的小长假；寒食、清明各放假四天；中秋、夏至、腊日也有三天的假期；四月八日释迦牟尼的诞辰，放假一天；二月十五日老子的诞辰，放假一到三天；皇帝的生辰，放假三天庆祝。林林总总，全年休假超过一百二十天。

　　除了法定节假日之外，唐代的官员还有假用来探亲或祭祀。唐代《假宁令》载："诸文武官，若流外以上长上者，父母在三百里外，三年一给定省假三十日；其拜墓，五年一给假十五日，并除程。"这规定是说，家中父母居住在三百里以外的，每隔三年有三十五天的"定省假"；祭祀父母的，每隔五年有十五天的拜扫假，且回家路上的时间是不包括在假期内的。如果有特殊情况，可以请事假。据《假宁令》载，凡有事请假，京官"职事三品以上给三日，五品以上给十日"，但一个月之内，是不能请两次事假的。如果生病了，假期可以适当延长，但连续请假不得超过一百天，否则就会被解除职务。

◆ 赐钱造食游宴乐

唐代官员不仅有充足的假期，过节福利也很好。曾任监察御史的大诗人元稹有诗"朝士还旬休，豪家得春赐"，就说自己休假时还得了赏赐。唐玄宗时，曾"命侍臣及百僚每旬暇日寻胜地宴乐，仍赐钱，令所司供帐造食"。唐德宗时，每逢节假日，自宰相至各省奏事官员，各得赐钱五百贯文至一百贯文不等，朝廷委派度支于每节前五日支付，永为常式。在一些重要的节假日，皇帝还会宴请群臣。唐德宗时期，将上巳节等节日赏宴形成了制度，规定给官员们过节费，让大家吃好玩好。

唐玄宗时期，大唐发展到鼎盛时期，玄宗积极倡导官员休假，并且将自己的生日设为千秋节，官员放假三天，举国欢庆。这还不够，他甚至下诏："自今后，非惟旬休及节假，百官等曹务无事之后，任追游宴乐。"允许官员工作日里办完公事，就可以游宴欢乐。玄宗还经常赏钱，供官员游乐。开元十九年（731），唐玄宗下诏："每至假日，宜准去年正月二十九日敕，赐钱造食，任逐胜赏。"

到了唐德宗时期，屡次发布诏令，支持、鼓励并资助官员们节日娱乐，甚至为了增加娱乐时间，不断新设节日。贞元四年（788）九月，德宗曾颁布诏书，将正月晦日、三月三日、九月九日设置为三令节，赐钱鼓励文武官吏届时宴赏游乐。稍后，又颁诏："二月一日为中和节，以代正月晦日，备三令节数，内外官司休假一日。"贞元十四年（798）正月，又颁诏放宽政策让官员节假日自由交往："比来朝官或有诸处过从，皆畏金吾上闻。其间如素是亲故，或会同僚，伏腊岁序，时有还往，乃是常礼，人情所通。自今已后，金吾更不须闻奏。"

唐朝国力强盛，文化开放多元，唐朝官员的节假日很是雅致精彩。元稹寒食节举家同游，"今年寒食好风流，此日一家同出游"；杜甫清明节也随众出行，"著处繁花务是日，长沙千人万人出"。有时候，皇帝会在节假日带着官员一起玩，也就相当于现在的团建了。景龙四年（710）二月，中宗"令中书门下供奉官五品已上、文武三品已上并诸学士等，自芳林门入集于梨园球场，分朋拔河"，还和皇后、公主坐下围观拔河比赛。

唐三彩载乐骆驼俑

每逢上元节等盛大节日，长安城内灯龙争相舞动，处处流光溢彩；歌舞杂技竞相上演，场场精美绝伦。《大唐新语》载，唐中宗神龙年间（705—707）上元节时，京城"正月望日，盛饰灯影之会。金吾弛禁，特许夜行。贵游戚属，及下隶工贾，无不夜游。车马骈阗，人不得顾。王主之家，马上作乐以相夸竞"。中书侍郎苏味道诗曰："火树银花合，星桥铁锁开。暗尘随马去，明月逐人来。"吏部员外郎郭利贞看着长安城万人空巷，处处香车宝马，也吟道："九陌连灯影，千门度月华。倾城出宝骑，匝路转香车。"诗人崔知贤在上元夜，也赏灯、看歌舞表演，玩了个通宵："月下多游骑，灯前饶看人。欢乐无穷已，歌舞达明晨。"

◆ 为官自是少闲人

当然，有弛就有张，皇帝给官员放这么多假，还发补助，目的就是为了让他们更好地工作。因此，一旦上班了，官员就要尽职尽责，勤勉为政。如果懈怠，就会有律法伺候。《唐律疏议·职制》中规定："诸官人无故不上及当番不到，若因假而违者，一日笞二十，三日加一等；过杖一百，十日加一等，罪止徒一年半。边要之官，加一等。"所以，唐代官员在任上不敢有丝毫怠慢，尤其是防守边关的官员，无故不到岗，罪加一等。做过京官和地方官的大诗人白居易深有感触，写了一首名为《晚归早出》的诗："筋力年年减，风光日日新。退衙归逼夜，拜表出侵晨。何处台无月，谁家池不春？莫言无胜地，自是少闲人。坐厌推囚案，行嫌引马尘。几时辞府印，却作自由身？"这首诗也是当时官员工作时间内的真实写照。公务繁重，诗人甚至生出了辞职的念头。可见那时的公务员也不是那么好当的。

假期乌龙：拒绝加班，还我假期！

唐朝官员已经习惯了节假日的生活节奏，如果应该放假而不放，就会引起官员们的强烈不满。《入唐求法巡礼行记》卷四载："寒食，从前以来，准式赐七日暇。筑台夫每日三千官健，寒食之节，不蒙放出，怨恨把器伏，三千人一时衔声。皇帝惊怕，每人赐三匹绢，放三日暇。"这件事是说，唐武宗时，在长安筑仙台，动用了三千士兵加紧施工，恰逢寒食节没有给他们放假，结果三千人大为恼火，差点惹出一场乱子，最后只得给他们"赐三匹绢，放三日暇"才算了事。

图为五代时期顾闳中的《韩熙载夜宴图》（局部），描绘了官员韩熙载家夜宴载歌行乐的场景

四善二十七最

　　显然，在唐朝当官，有权力有地位，假期不少，福利也很好，但是免不了要给官员们戴个紧箍咒，对！这就是绩效考核，一点也不能马虎。唐初就明确规定，所有官员不论职位高低，每年进行一次绩效考核，称为"小考"。每三四年举行一次"大考"。"小考"评定等级，"大考"则综合三四年的等级成绩进行官职升降和赏罚。

　　唐文武官吏的考核，是由吏部考功司负责的。为了保证考核质量和权威性，朝廷每年都临时指派两名地位高、名望高的京官为校考使，一个负责考核京官，一个负责考核地方官。又从门下省和中书省各派一人分别对京官、地方官考核进行监督，称"监考使"。

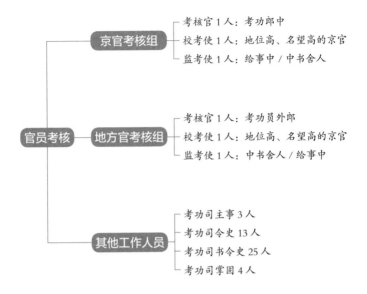

官员考核
- 京官考核组
  - 考核官 1 人：考功郎中
  - 校考使 1 人：地位高、名望高的京官
  - 监考使 1 人：给事中 / 中书舍人
- 地方官考核组
  - 考核官 1 人：考功员外郎
  - 校考使 1 人：地位高、名望高的京官
  - 监考使 1 人：中书舍人 / 给事中
- 其他工作人员
  - 考功司主事 3 人
  - 考功司令史 13 人
  - 考功司书令史 25 人
  - 考功司掌固 4 人

唐官员考核组成员（据《旧唐书·职官志》整理）

◆ 定等第

最初，中央的省、台、寺、监以及各地方州县的主官，先要对属下人员的品德、才能评定。评定等级的标准一是品德，二是才能。品德方面，对流内官（九品至一品官称为"流内"，不入九品的职官称"流外"）要求达到"四善"；才能方面，二十七种才能的最高标准为"二十七最"。主官会综合善、最定等第，将流内官评为九个等第（上上、上中、上下、中上、中中、中下、下上、下中、下下）。

四善二十七最

四善	德义有闻		公平可称	
	清慎明著		恪勤匪懈	
二十七最	近侍之最：献可替否，拾遗补阙		文史之最：详录典正，辞理兼举	
	选司之最：铨衡人物，擢尽才良		纠正之最：访察精审，弹举必当	
	考校之最：扬清激浊，褒贬必当		句检之最：明于勘覆，稽失无隐	
	礼官之最：礼制仪式，动合经典		监掌之最：职事修理，供承强济	
	乐官之最：音律克谐，不失节奏		役使之最：功课皆充，丁匠无怨	
	判事之最：决断不滞，与夺合理		屯官之最：耕耨以时，收获成课	
	宿卫之最：都统有方，警守无失		仓库之最：谨于盖藏，明于出纳	
	督领之最：兵士调习，戎装充备		历官之最：推步盈虚，究理精密	
	法官之最：推鞫得情，处断平允		方术之最：占候医卜，效验居多	
	校正之最：雠校精审，明为刊定		关津之最：讥察有方，行旅无壅	
	宣纳之最：承旨敷奏，吐纳明敏		市肆之最：市廛不扰，奸滥不作	
	学官之最：训导有方，生徒充业		牧官之最：牧养肥硕，蕃息孳多	
	将帅之最：赏罚严明，攻战必胜		镇防之最：边境肃清，城隍修理	
	政教之最：礼义兴行，肃清所部			

（据《旧唐书·职官志》整理）

　　流外官以其行能功过将考核结果定为四等：清谨勤公为上；执事无私为中；不勤其职为下；贪浊有状为下下。定完等第，则集中被考核京官，当众公布；地方官的考核结果由朝集使带回地方再公布。如果对考核结果有异议，则要当场申诉。如果上诉意见正确，便更改等级，如果上诉意见不正确，则降低被考核人的级别，以示惩戒。所以，如果没有很大的偏差，被考核人是不会上诉的。考第确定后，朱书于考簿上，唐末改为墨书。三品以上的高官，考绩奏听皇帝裁决。小考结果会在年末之前完成，以便作为次年选官的依据。

◆ 论奖惩

上任满二百天的官员，每年一小考，考第每进退一等都有相应的奖惩："中上以上，每进一等，加禄一季；中中，守本禄；中下以下，每退一等，夺禄一季。"到大考时，清算四年的小考成绩：四年皆考中中，可以进一阶，提高散官品阶；如有中上以上考，可累加进阶；四考中，考第可以高低相抵，但有下下考者，必须罢官停职。进阶到"五品以上非恩制所加，更无进之令"。唐高宗以后，文武官累加进阶至五品者日多，就开始对累加进阶的考核制度给予越来越严格的限制。

名人揭秘：狄仁杰小考成绩

唐高宗上元二年（675），大理寺丞狄仁杰小考成绩是中上。校考使刘仁轨一看狄仁杰是新任的大理寺丞，分也未免打得太高了，便去调查。大理寺卿张文瓘申明狄仁杰很能干，"独知理司之要"。刘仁轨问狄仁杰断狱多少，张文瓘回答："岁竟，凡断（狱）一万七千八百人。"这个成绩让刘仁轨大为吃惊，立即将狄仁杰的成绩又改高了一个等第，按照当时的奖励政策，狄仁杰第二年可要涨工资了。